华夏国学经典文库【全文解读本】

马恒君 著

老子正宗

经典珍藏

华夏出版社
HUAXIA PUBLISHING HOUSE

图书在版编目（CIP）数据

老子正宗/马恒君编著.—北京：华夏出版社，2014.3
（华夏国学经典文库）
ISBN 978-7-5080-7876-2

Ⅰ.①老… Ⅱ.①马… Ⅲ.①道家 ②《道德经》—通俗读物 Ⅳ.①B223.1-49

中国版本图书馆CIP数据核字(2013)第258343号

老子正宗

作　　者	马恒君
责任编辑	黄　欣
责任印制	刘　洋
出版发行	华夏出版社
经　　销	新华书店
印　　刷	三河市兴达印务有限公司
装　　订	三河市兴达印务有限公司
版　　次	2014年3月北京第1版　　2014年3月北京第1次印刷
开　　本	720×1030　1/16开
印　　张	16.5
字　　数	186千字
定　　价	26.00元

华夏出版社　地址：北京市东直门外香河园北里4号　邮编：100028
　　　　　　　网址：www.hxph.com.cn　电话：（010）64663331（转）
若发现本版图书有印装质量问题，请与我社营销中心联系调换。

前　言

　　从古至今,讲解《老子》的书大约不下千种。古人的注释,现在看得懂的人少了。近现代人的注释又五花八门。仅就老子的思想来说,有人认为老子是个唯心主义者,有人又说老子是个唯物主义者。其他如说老子是宗教教主,是没落阶级的代表,是反动派,老子倡导愚民政策,主张复古倒退,老子的书是阴谋之书,是兵书,是成仙得道的书,是玄学……把读者的思想搞乱了。《老子》究竟是一本什么书,难道就没有一个把握的标准了吗?我想标准还应当是《老子》。全书总共就五千言,就这五千言老子自己还说"言有宗,事有君"。有一个总纲在统摄着,怎么可以用自己的读后感去随便解释呢?本书就是我想还老子的真面目,认真读出来的答案。把它奉献给与我有同感的读者。

　　读书不可死板,要尽其所能地去理解作者的意图。前人往往因为老子的哲学体系与儒家的正统思想不一致,常常反对老庄,但认真分析起来,儒道两家其实有许多相通之处,只不过是儒家侧重于站在社会的角度强调人所应当具有的道德,而道家则是站在一个自然人的角度强调应当组成一个什么样的社会。简单地说,就是儒家强调用社会组织要求个人、道家强调按人的自然属性要求理想的社会组织,如果把两者结合起来看,儒道两家都为我们进行了对社会卓有贡献的探索。任何人说话只能站在某一个角度,而读书则应当全面地看待问题。

　　这本书是从我的讲稿整理出来的,所以带有浓厚的教师习气。

　　因为讲课不允许含胡其辞,向学生讲一些模棱两可、似是而非的话,要求把唯一性的正确答案告诉学生,所以话讲得就有些不容置疑的味道。书一出版,受众变了,这种自居为师的口气显然有点不合适,所以在这里首先要向读者致歉。

　　不过,讲稿也有讲稿的好处。

　　第一,面对面给学生讲课,学生不懂的,老师有责任给讲清楚,不能回避问题。疑难的地方也要有个交待。有了这个压力,就不能像远离读者写文章那样可以扬长避短。老师要拿出真凭实据来,不能糊弄。

　　第二,讲稿必须照顾到教学方法,让学生顺利学到知识。不能老师明白,学生听了不明白。首先要把学生的难点、疑点归纳出来,突破难点,扫清疑点。这样可以避免读了一大堆书明白的地方明白,不明白的地方还是不明白。

　　第三,讲稿必须要与所讲内容保持一致,不能架空说法,空穴来风,光谈感想。与所讲内容要字句紧密衔接,落实在具体内容上。这样可以避免游离于教材之外用自己的看法偷换所讲内容。

　　第四,讲稿要求把所讲内容当成一个系统的学科,不能支离破碎,要有一个体系上的把握。思路清晰,前后一致,不能自相矛盾。这就可以避免学了点皮毛,抓住只言片语夸夸其谈,说到根本浑然不知。

　　有这些好处,我也就不想重新经纬了。

　　市面上介绍《老子》的书不少了。出版社还愿意把我的讲稿再出一个版本,大概是仅看到了讲稿的好处,没有注意讲稿也有它的缺点。我真诚地希望读者能够全面地看问题,给予理解。不要受书中流露的教师习气影响。求真的人提倡质疑。老子就是个敢于质疑的人,为此恳请大家批评指正。

马恒君

2005年6月

目　录

上　篇

章	页
第 一 章	1
第 二 章	5
第 三 章	9
第 四 章	12
第 五 章	15
第 六 章	18
第 七 章	20
第 八 章	22
第 九 章	25
第 十 章	27
第 十 一 章	32
第 十 二 章	34
第 十 三 章	37
第 十 四 章	42
第 十 五 章	47
第 十 六 章	51
第 十 七 章	55
第 十 八 章	58

第十九章 …… 61
第二十章 …… 64
第二十一章 …… 71
第二十二章 …… 75
第二十三章 …… 78
第二十四章 …… 81
第二十五章 …… 83
第二十六章 …… 86
第二十七章 …… 89
第二十八章 …… 92
第二十九章 …… 95
第三十章 …… 98
第三十一章 …… 101
第三十二章 …… 105
第三十三章 …… 109
第三十四章 …… 111
第三十五章 …… 113
第三十六章 …… 116
第三十七章 …… 119

下 篇

第三十八章 …… 122
第三十九章 …… 128
第四十章 …… 133
第四十一章 …… 136
第四十二章 …… 139

第四十三章 …………………………………………… 143
第四十四章 …………………………………………… 146
第四十五章 …………………………………………… 148
第四十六章 …………………………………………… 151
第四十七章 …………………………………………… 153
第四十八章 …………………………………………… 157
第四十九章 …………………………………………… 159
第 五 十 章 …………………………………………… 162
第五十一章 …………………………………………… 166
第五十二章 …………………………………………… 168
第五十三章 …………………………………………… 171
第五十四章 …………………………………………… 174
第五十五章 …………………………………………… 177
第五十六章 …………………………………………… 180
第五十七章 …………………………………………… 182
第五十八章 …………………………………………… 186
第五十九章 …………………………………………… 189
第 六 十 章 …………………………………………… 192
第六十一章 …………………………………………… 195
第六十二章 …………………………………………… 198
第六十三章 …………………………………………… 201
第六十四章 …………………………………………… 204
第六十五章 …………………………………………… 207
第六十六章 …………………………………………… 210
第六十七章 …………………………………………… 212
第六十八章 …………………………………………… 215

第六十九章 …………………………………… 218
第七十章 ……………………………………… 221
第七十一章 …………………………………… 224
第七十二章 …………………………………… 226
第七十三章 …………………………………… 229
第七十四章 …………………………………… 232
第七十五章 …………………………………… 235
第七十六章 …………………………………… 237
第七十七章 …………………………………… 239
第七十八章 …………………………………… 242
第七十九章 …………………………………… 245
第八十章 ……………………………………… 247
第八十一章 …………………………………… 252

上 篇

第一章

道可道,非常道;名可名,非常名。无名,天地之始;有名,万物之母。故常无,欲以观其妙;常有,欲以观其徼。此两者同出而异名,同谓之玄。玄之又玄,众妙之门。

【译文】

可以用语言表达的大道,就不是永恒普遍的大道了;可以称说的名称,就不是永恒普遍的名称了。没有名称是天地的开始,产生了名称是万物的本源。所以要常常体悟虚无的境地,来观察道的奥妙;又要常常置身于实有的境地,来观察道的运化裂变。虚无与实有都是从大道中生出来,只不过是名称不同,都称做玄妙。从实有的玄妙深入到虚无的玄妙,那就是认识众多奥妙的门径。

【讲疏】

第一章涉及到《老子》一书的许多术语,要格外注意它的确切含义。

"道可道,非常道。"第一个"道"作主语,名词,指大道,道的本体。第二个"道",动词,称道,说道,即用语言表达的意思。"可道"作谓语,与下一句的"可名"对举。"常"是永恒普遍的意思。句谓,可以用语言表达的道,就不是永恒普遍的道了。老子说的道有四种不同的含义,在不同的上下文里要注意区别它的具体所指。一、道指宇宙的本体,道是宇宙的本源。二、道是万物的运化规律,即人们所说的道理。三、道是万物的主宰,指道决定万物的功能。四、道是通向真理之路,即认识真理的门径。为了表达方便,我们一概称之为大道。在这句话里,道指的是大道的本体及其运化规律。大道的本体是个自本自根,自由展开而又无形无象的绝对真实。它是运动变化的,这就决定了它无法用语言准确地表达出来。前人对这一点大致提出了两条理由:一是庄子说的"言与齐不齐"。就是说语言不能完整地说明道。事物与它本身所存在的道理原本是吻合一致的,但只要把它概括抽象为语言,这种语言就与它原来的吻合一致不一致了。而人们却只看到了"言以载道"、"文以载道"的语言功能一面,忽视了语言局限性的一面。二是道是运动变化的、不断展开的,而说明它的语言是固定的,不能随时运动变化的。所以魏源说:"使可拟议而指名,则有一定之义,而非无往不在之真谛矣。"

"名可名,非常名。""名"有两个含义。一指名称概念。二是称名、命名。第一个"名",名词,指大道的名称。第二个"名",动词,指命名、表达。句谓,可以称呼的名称,就不是永恒普遍的名称了。语言名称在说明大道时具有局限性。"道"这个名称概念,老子自己就认为,它不能全面表达道的含义。二十五章里说:"吾不知其名,字之曰道,强名之曰大。"从通向真理上说,可以称做道;从它的普遍性上说可以称它为大;从它无形无象上说,可以称为无;从它的规律性上说,可以称它为理;从它的功能上说,可以称它为宗等等。但无论称做什么,都不可能完整地说明它的含义。这是语言名称的局限性。另外名是称说万物的,而万物都是有始终的,一有始终就不可能永恒,万物都是个体的,一成为个体就不可能普遍,所以才说"名可名,非常名"。老子在这里强调语言难以完整表达大道,意在提醒人们:要认识大道就应当超越语言文字的障碍,对大道做全面的把握,不要陷在语言文字的局限里出不来。这就是庄子说的"得意忘言"。当然读老子的书也应当这样做,不能执一不化。这是老子开宗明义告诉人们应当怎样从自己的书里学到大道。

"无名,天地之始;有名,万物之母。"《老子本义》里说:"司马温公、王安石、苏辙皆以有、无为读。"意思是说,司马光、王安石、苏辙都断成:"无,名天地之始;有,名万物之母。"应该怎么读呢?要以老子的文章为断。老子在三十二章里说"道常无名","始制有名"。老子说的是名称的产生和名称与它所表达的实体之间的关系,那么司马光等人的断句就不可取了。句谓,没有名称是天地的开始,产生了名称是万物的本源。其实就是说:大道无名称,它产生天地。天地有名称,它产生万物。这两句可参考四十二章里的"道生一、一生二、二生三,三生万物"的解释。这里,老子只是大致地说了一下宇宙的发生,"母"在这里是母体、本源的意思,与"始"字互文见义。

"故常无,欲以观其妙。""常无"是说,道既然是从无中产生天地万物,那么想要认识道,就应当经常体验大道没有产生天地之前的虚无状态,即浑沌如一的状态。道与物是截然不同的,它是万物的本源,所以不同于任何物,不可能按认识物的方法去认识它。而人们日常司空见惯的却都是物,习惯上都是按理解物那样去理解大道。老子告诉人们这种习惯的思维定式无法认识大道,想认识道就得抛开触见所及的物,经常进入虚无的境界去体认。"妙"是奥妙,因为道与人们习惯了的任何物都没有共同性,所以才显得奥妙。句谓,所以要常常去体悟虚无的境地来认识大道的奥妙。

"常有,欲以观其徼。""徼(jiào)"的原义是界限,大道浑然一体没有界限,它在运化中衍生出天地,天地才有了界限。这是道自身运化出的区别界限,实际上是道在自身展开过程中的分化裂变现象。"徼"在这里可以当成裂变讲。因为老子在这一句里讲的还是认识道而不是天地。但天地是道运化出的结果。道本身也存在于天地之中。句谓，又要常常置身于实有的境地，去体验观察大道的运化裂变。

"此两者同出而异名，同谓之玄。""两者"指有和无，也即大道与天地。"同出"指从同一个实体产生出来。"异名"是名称不同，这里指的是有了"有"和"无"不同的名称。有和无看起来是对立的，但它们又是统一的，相互依赖、相互转化，互基互根。它们的本体是同一的，这就是道，天地没有产生以前就是无，但大道当时就存在，又是有。看它的无形无象就是无，看它的化生天地就是有。看它的奥妙就是无，看它的裂变就是有。"玄"是玄妙，指的就是大道这种既对立又统一的特性。句谓，虚无与实有都是从大道中产生出来，只不过是名称不同，都称做玄妙。

"玄之又玄，众妙之门。""玄"指玄妙。"门"指门径，道路。句谓，从有的玄妙深化到无的玄妙，这就是认识众多奥妙的门径。也就是要从有入无地去认识道。老子认为万物都是从道中分化出来的个体，概无例外。没从道分化出来以前，它是道整体的一部分，分化出来以后的个体是道的裂变。道是永恒的、普遍的、绝对的，而万物则是暂时的、相对的、具体的。道是没有终始的，万物都有终始。万物都是道运化的一个个个体，都是一个个过程，认识了大道，这些都不难认识。所以说是众妙之门。

这一章说明大道玄妙的特性，告诉人们怎样去认识大道。

第二章

天下皆知美之为美,斯恶已;皆知善之为善,斯不善已。有无相生,难易相成,长短相形,高下相倾,音声相和,前后相随。是以圣人处无为之事,行不言之教。万物作焉而不辞,生而不有,为而不恃,功成而弗居。夫惟弗居,是以不去。

【译文】

如果天下人都知道美好是美好的,这样丑恶就出现了;如果天下人都知道善良是善良的,那么凶恶就出现了。所以说,有与无相反相生,难与易相互形成,长与短相比较而存在,高与低在对比中才有,发出的声音与被感知到的声音相互应和,前与后伴随着出现。正因为如此,圣人才奉行自然无为的做事方法,推行不言的教化,任万物自己生发而不逆拒,生养万物而不占有,做出了贡献而不依赖,成就了功业而不自居有功。正是因为不自居有功,功劳才不离身。

【讲疏】

这一章说明道的玄妙。道的玄妙主要体现在万事万物的对立统一之中,对立双方总是相反相成的关系。

"天下皆知美之为美,斯恶已。""美之为美"是一个主谓结构,第一个"美"是结构的主语,"为美"是该结构的谓语,"之"在主谓之间,起取消该结构独立性的作用。这个结构的意思是,美丽是美丽的。该结构共同作"知"的宾语。"斯"是这样的意思。"恶"与"美"对举就是丑恶的意思。"已"同矣。句谓,天下人都知道美丽是美丽的,这样丑恶就出现了。提高到道的认识上去说,就是有了美也就有了丑,美与丑对立双方都是在相互比较之中存在的,失去一方,另一方也就不能存在了。一方的出现就必然伴随着另一方的出现,二者之间具有相反相成、相互依存、互基互根、相互转化的关系。比如说,楚王好细腰,宫女都饿死;宫中爱金莲,民间裹小脚。清政府时期以头上梳个大辫子为美,政府倡导,行政上强制,每个人头上得留个油光水滑的大辫子,结果呢? 美变成了丑,当时就有人称做是猪尾巴。现在没有人再留那样的发式了。现代人讲究美容,爱美之心人皆有之。但是伴随美容就会出现毁容,这是一个无法逃遁的自然规律。这一点没有多少人知道,所以说它很玄妙。下面的几句都是在阐明这个规律。

"皆知善之为善,斯不善已。"这一句与上一句结构相同。"善"是好。"不善"与"善"对举,指不好。句谓,大家都知道什么是好,坏就出现了。因为好与不好同样是在对比之中才能存在。比如说君子认为名好,小人认为利好,于是争名夺利的坏就出现了,人人不得清静,永无宁日了。

"有无相生,难易相成。""相生"意为相互产生,"相成"意为相互形成,都是指对立双方相反相成的关系。万事万物都是一分为二,在对比、对立中存在。句谓,有与无相互生成,难与易相互生成。

"长短相形,高下相倾。""形"也是成。这里含义多了一点。"相形"是在相互比较的形态中存在。"下"是低。"倾"是高与低的对比。"相倾"是在倾斜的形态下存在,也就是在高与低对比有了不同的形态下存在。句谓,长与短在对比中存在,高与低在比较中存在。

"音声相和,前后相随。""音"是发出的声音,这里指声源。"声"

指回声,对人来说指的是得到的反响,即被感知到的声音。"相和"意为相互应和。"相随"意为相互伴随而存在。此句之下帛书本有"常也"二字。"音声相和"的直接意思是发出的声音与得到的回声相一致而和谐。对人讲是说,唱出的声音和应和的声音相一致,用以指声和音的关系,是说没有发出的声音,就不会有被感知到的声音;没有感知到的声音,也就没有发出的声音,两者同样是相互依存、相互应和的。方位的前后伴随着出现。这就强调了对立双方不可分割,长与短、前与后之间等,如果失去了参照物也就不复存在了,因此古人才说"尺有所短,寸有所长"。前与后没有绝对的方位,也是在相对中存在。

老子在这里举了诸多例证,是在证明万事万物都是对立统一的。对立双方又都是互为存在条件的,不可分离。那么人在双方之间就不能有所偏执,破坏事物的统一性。破坏了统一性实际上就是破坏了事物本身。

"是以圣人处无为之事,行不言之教。""无为"是顺应事物自身的统一性,不要在对立双方中去选择,也就是不要把人为的因素加进去而有所偏执,要顺应自然。老子在自己的书里用了很多"无为",基本意思就是自然无为,指顺应自然,不按主观愿望有所作为。魏源注:"恒因而不倡,迫而后动,不先事而为,夫是之谓自然也。"但无为不是什么也不干,而是要顺应自然的发展变化去做,在扶持对自己有利一面的同时,照顾到另一面,在不破坏事物的统一性的前提下去做,不然的话有利的一面就彻底消失了。老子在六十四章把"为无为"解释成:"为之于未有,治之于未乱。""无为"是事物成形前的萌芽状态。也不是什么都不干。"不言之教"是不用言语进行的教化。这个"不言"也不是不让人说话,而是不说那些扶持一面,压制一面的话。句谓,因此,圣人才奉行自然无为,推行不言的教化。

"万物作焉而不辞。""作"是兴起。"辞"是推辞,在这里指抗拒、顶逆。句谓,任万物自然生发而不逆拒。自然生发是自然之道,天道。人为的逆拒是人为之道,人道。人道服从天道。

"生而不有,为而不恃,功成而弗居。""有"是占有。"为"是做。"恃"是依赖。"居"是自居有功。句谓,生养万物而不占有,做出了贡献而不依赖,成就了功业而不自居有功。也就是说,人发挥的作用都是在大道功能发挥的基础上表现出来的,并不是哪个人的力量有那么大。万物产生的基础是自然如此。人就起了那么点推波助澜的作用。人也无权去占有,也不要认为完全是自己的贡献,也不要去依赖。庄子举了一个生动的例子。有一户人家挖了一口井,过路人口渴了来喝井水,这户人家就与过路人吵了起来,认为水是自己家的,不许人家喝。这就是"为而恃"的做法。庄子认为,水是自然生成的,不是人能挖出来的,谁能在没有水的地方挖出井来?所以水就应该让大家喝。这就是"为而不恃"的做法。任何功业也是顺自然而为才能成功,都不可能自己一手缔造,当然也就不能把自己看成是超越了自然的神仙。

"夫惟弗居,是以不去。""惟"是只有。"是以"是因此。"去"是离去。句谓,正是因为不自居有功,所以功劳才不会离身。这个功劳主要是指能顺应自然正确地去做,因此会得到人们的承认、赞扬、拥护。如果把自己夸大成了超自然的神,那这点功劳也就丢失了,会受到人们的鄙弃。

这一章说明大道对立统一的特性。

第三章

不尚贤,使民不争;不贵难得之货,使民不为盗;不见可欲,使心不乱。是以圣人之治,虚其心,实其腹,弱其志,强其骨。常使民无知无欲,使夫智者不敢为也。为无为,则无不为。

【译文】

不推崇贤能,使百姓不争;不看重稀有的珍宝,使百姓不去争盗;不显示勾引人欲望的东西,使百姓人心不乱。因此,圣人治国让百姓心中空虚,肚子吃饱,意志虚弱,筋骨强健。经常让百姓无机心、无欲望。使有机智的人不敢恣意妄为。用自然无为的方法治理,就能无所不治。

【讲疏】

上一章讲的是自然无为的原理,这一章讲的是自然无为的应用。

"不尚贤,使民不争。""尚"是崇尚、推尚。"贤"是贤能。句谓,不崇尚贤能的人,使百姓不争。这一句是针对君子有追求名的欲望讲的。君子总是想用贤能换取名声。如果社会不提倡贤能就从根本上断绝了对名声的追求。不尚贤不是不要贤能,而是把贤能与无能一样对待,不给贤能的人特殊名誉,不表彰,不奖励,也不推崇,于是人们就不去争名了。

"不贵难得之货,使民不为盗。""贵"是尊贵,这里用如意动,是认为尊贵。"难得之货"指人们心目中的珍宝之物。"为盗"是做强盗。"盗"也是为了争。句谓,不看重稀有的珍宝,使百姓不去争盗。这是针对小人有追求利的欲望讲的。小人总是想用难得之货发大财,如果社会上不认为稀有难得的珍宝特别值钱,珍宝失去高价,就从根本上断绝了对珍宝的争夺盗窃。"不贵难得之货"也不是不要难得之货,而是把它与不难得之货同等看待。

老子认为欲望产生争夺,"不尚贤","不贵难得之货",就从根本上消除了人的欲望。所以把人的所有欲望概括为基本的两类,即争名夺利,提出了从根源上消除争名夺利的方法。

"不见可欲,使心不乱。""可欲"就是可以引起人们欲望的东西,即上面概括的名、利。"不见"是不向人显示,不让人发觉,也不是看不见,是看见了也觉得它很平常,引不起欲望。这样,百姓的心里就不会充满欲望而乱了方寸。句谓,不显示勾引人欲望的东西,使百姓心不乱。

"是以圣人之治,虚其心,实其腹。""虚心"是指没有欲望,既不是我们说的虚心学习,也不是没有思想。"实其腹"是让人吃饱肚子。句谓,因此,圣人治理天下,要让人没有欲望,吃饱肚子。"虚"和"实"都是使动用法。

"弱其志,强其骨。""弱"与"强"也是使动用法。"志"是意志。"骨"是筋骨。句谓,使人意志虚弱,使人筋骨强健。"弱其志"指的是减弱争强好胜的意志,不是要消磨人所有的意志。

"常使民无知无欲,使夫智者不敢为也。""无知无欲"是不发觉什么有利可图,没有欲望的精神状态,不是要去掉人的知觉,也不是要去掉人的自然需求。"智者"指的是心眼多的人、机灵的人,带有贬义。"敢"是能愿动词,词义的重心主要是能。"不敢为"就是不能为,不能为就是为了也白为。社会不买帐,没便宜可占。句谓,经常让百姓没有鬼心眼,没有欲望,社会上有那么几个心眼多的人也无所用其智。老子认为欲望的驱动产生争夺,争夺的驱动产生机智,机智的使用产生动乱,因此要想治理好天下,就得从根本上消除人的欲望,从而消除机智,彻底铲除动乱的根源。

"为无为,则无不为。"此句通行本作"为无为,则无不治"。魏源《老子本义》在"治"下说,傅奕本"治"作"为"。"无为"与"无不为"对举,显然更合乎老子有生于无的思想,用"治"则逊色一些。"为"的字面义就是做。"为无为"是说,按自然无为的方法去做。"无不为"是无所不为。句谓,如果按自然无为的方法去治理,就能全面治理好一切。"无为"指的是不要去特别地提倡什么、鼓励什么,不去干任何能勾起欲望的事情。不是什么也不干。还要"实其腹","强其骨",满足人们的需求,让人好好活着。做到物尽其用,人尽其需,这些事还是要做的。

这一章说明为什么要实行无为而治和怎样才能做到无为而治。

第四章

道冲,而用之或不盈。渊兮,似万物之宗。挫其锐,解其纷,和其光,同其尘。湛兮,似或存。吾不知谁之子,象帝之先。

【译文】

大道空虚,但用起来不会穷尽。深不可测呵,好像是万物的本宗。它消磨去锋芒,化解掉纷乱,混和了光辉,混同于尘俗。如澄静的水一样存在。我不知道它是谁生出来的,好像存在于天帝未出现之前。

【讲疏】

这一章是对大道的描写和说明。

"道冲,而用之或不盈。"这一句有异文。帛书乙本"不"作"弗",《淮南子·道应训》引作:"道冲而用之又弗盈也。""冲",河上公注:"冲,中也。道匿知藏誉,其用在中。"《说文》作"盅"。老子自己总是把"冲"与"盈"对举,"盈"是满,"冲"就是虚。要按老子自己的说法去理解才合适。"盈虚消息"古人常这样对举。这两句是在说明大道本体的性状。意思是说,大道的本体是空虚的,但又不能像认识万物那样去理解它。万物都是实有了才有用。大道与此相反,它是空虚而有用。万物都是用起来有个限度,大道却是用不完,用不尽。也就是说,大道是空虚的,然而正是空虚才能起作用。"用不盈"直接说就是用不满,用不满是用不完的意思。细讲的话,是说无论去多少,它依然还是那个不满的状态,不增也不减。王弼说:"故冲而用之,又复不盈,其为无穷亦已极矣。"

"渊兮,似万物之宗。""渊兮"深不可测的样子,是说大道的本体像不可测的深渊,深不见底。"兮"为语气词。"宗"是"本宗"。"似万物之宗"是说,大道好像是万物的本宗,也就是说,大道是万物的本源,万物都是从它那里产生出来的。

"挫其锐,解其纷,和其光,同其尘。"这四句突出描写大道与我们身边的万物不同。"其"都指的是大道。"挫"是消磨掉。"锐"是锋利尖锐。"挫其锐"是说,万物才有锋芒,大道没有锋芒,好像它的锋芒被消磨掉了似的。"纷"是纷乱。"解其纷"是说,万物都是处在纷乱之中,大道没有纷乱,好像它的纷乱被化解去了似的。"光"是光芒。"和其光"是说,万物才显露光彩,大道没有光彩,好像它的光彩被混和起来似的。"尘"是尘俗,普通一般的事物。"同其尘"是说,万物都在尘俗中浮游,大道不落尘俗,但它又与尘俗混同为一体。这四句都是在描写大道浑浑沌沌的性状,以及它与万物之间既区别又联系的微妙关系。

"湛矣,似或存。""湛"是水澄静的样子。这也是对大道性状比喻性的描写。是说,大道的样子像一池澄静无波的水,看不出什么来。"似或存"是说,好像它存在似的。大道无形无象,触见不及,好像不存在,但它又无处不发挥作用,让人感觉到它像澄静的水一样存在。"或"是选择不定,又像这,又像那的意思。从它发挥作用的特点去看就像存在,从它无形无象无法描述上去看又像不存在。所以只好用平静的水来比喻。

"吾不知谁之子,象帝之先。""吾不知谁之子"直接说就是,我不知道大道它是谁的儿子。也就是说,不知道它是谁生出来的。进一步说就是,万物都有个产生的本源,本源就是大道,那么大道的本源在哪里,实在是无法找出来,那只好说大道自身就是本源,它是亘古存在,自本自根的。"帝"是天帝,"先"是前。"象帝之先"是说,好像大道在天帝产生之前就存在,天帝是天神,天地都是从大道中产生(无名,天地之始)。没有天地,当然就不会有天神,大道就应当在天帝之前。这是从道理上反推,证明大道是宇宙的本源。

这里顺便挖掘一下老子的宇宙观。"帝"是精神性的实体,老子认为精神也是从大道中产生。也就是说,大道化生了物质,也化生了意识,物质与意识并存于大道之中,都是大道的产物。所以,说老子的道是物质性的不全面,说老子的道是精神性的也不全面。把老子的道解释为理、精神或宇宙意识都不行。

这一章说明大道是宇宙的本源及其虚而不穷的特性。

第五章

天地不仁,以万物为刍狗;圣人不仁,以百姓为刍狗。天地之间,其犹橐籥乎?虚而不屈,动而愈出。多言数穷,不如守中。

【译文】

天地不仁爱,把万物当做冥器的草编狗。圣人不仁爱,把百姓当做冥器的草编狗。天地之间像个张合的鼓风器吧?里边是空虚的,但鼓出的风永不穷竭,越是鼓动,吹出的风越多。说的越多越会陷入困阻,不如持守正中。

【讲疏】

这一章主要讲怎样去体认大道。

"天地不仁,以万物为刍狗。""仁"是仁爱。"刍"是喂牲口的草。"刍狗"是祭祀所用草编的冥器狗。祭祀的时候,把刍狗和其他冥器一起放在神灵前,祭祀之后就扔掉了,被人们踩扁当柴烧。这里用来比喻用过扔掉的东西。"天地不仁"是说,天地运化万物,但天地只不过是把万物当成一个过程,这个过程一完就扔掉不用了。对万物没有仁爱感情可言,如同是人们使用刍狗一样。

"圣人不仁,以百姓为刍狗。"句谓,圣人体天行道,也没有仁爱感情,把百姓也看得如同刍狗。人也是大道运化出的一个个个体。这个个体在大道的流行中,也是个暂时的过程。人死去之后,大道继续流行,不会对人有什么特别的留恋。圣人通晓大道,也会遵照大道去做。从这个比喻中我们可以了解到三层意思:

一、老子认为人的本质就是从大道中分化出来的一个独立的个体。这个个体属于大道运化中一个短暂的过程,《庄子·庚桑楚》里说:"道通,其分也。其成也,毁也。"意思是说,大道是运化流通于万物的,万物从大道中一分化出来,就形成了一个独立完整的个体,这个个体也就失去了与大道保持一致的整体性,于是它就有了生和死,成为一个短暂的过程了。万物无不如此,人也没有例外。

二、大道是无情无欲的,仁爱不是大道的本性。它的运化有利于万物,但这是人的感觉。

三、圣人以大道为榜样,虽然圣人也是人,会有感情,但处世应当努力戒除感情。

"天地之间,其犹橐龠乎?""橐龠(tuóyuè)"是古代的风箱、鼓风器,起初像是个两头有口的皮袋子,通过张开和挤压来鼓风。后来改进为用活塞原理推拉鼓风。这里用来比喻虚无怎么产生了实有。句谓,天地之间如同是一个鼓风器吧?从空虚之中就鼓出风来了。

"虚而不屈,动而愈出。"句谓,看起来是空虚无风的,但鼓出的风却无穷无尽。"屈"是竭尽的意思。"动而愈出"是说,越是鼓动吹出来的风越多。比喻人间的事情,越做越多。不做什么事也没有。证明"无为"的好处。

"多言数穷,不如守中。""数(shuò)"与"多"互文见义,是多数的意思,引申为更加。"穷"是困。这一句帛书本作"多闻数穷"。句谓,说的越多,越是陷入困境,不如持守正中。也就是说,越说越说不清。正如风箱一样,越鼓动风也就越多,越多就越杂,越杂就越乱。这是在证明"无言"的好处。但是不说也不能传道,只好取个守中的办法。

既要说明，又不多说，这就是"不如守中"，老子的五千言就是本着这个原则来传道的。

人们总是想用认识万物的方法来认识大道，然而大道是与万物完全不同的。这就决定了用物来说明大道是个误区，世界上没有任何东西与大道一样。说大道像深渊、像澄静的水、像风箱等等，都是一种比喻。实际上大道既不像是深渊，也不像是风箱，只不过是某种特性相似而已。没法说，又不得不说，"守中"就成了不得已的选择。人们想认识大道，也只有从中去体悟，不能一比喻就陷入误区。

这一章主要说明大道无情无欲的特性。

第六章

谷神不死,是谓玄牝。玄牝之门,是谓天地根。绵绵若存,用之不勤。

【译文】

大道的功能永不寂灭。这就是玄妙的产门。玄妙的产门是天地产生的根源。它绵延不绝地产出,没有形迹却如同存在。发挥作用却又不劳不动。

【讲疏】

这一章是在讲大道无形产出的功能。

"谷神不死,是谓玄牝。""谷",虚谷,指的是大道。十五章说大道是"旷兮其若谷"。三十二章说:"譬道之在天下,犹川谷之于江海。""谷"喻大道之体虚空旷大如谷。"神"喻大道的功能,大道的功能神秘莫测。大道不是物,但却是真实的存在。世界万物来源于大道之体,而精神则来源于大道的功能。"谷神不死"是说大道的功能永远不会寂灭。"玄"的基本意思就是无形无象深微难见,因深微难见才引申出奥妙、玄虚、难以把握的意思。"牝"是雌性动物的生殖器。这没什么可怀疑的。从词义上说,古人有时"禽"与"兽"可以混用,牝和牡一直区别得很清楚,这是因为中国古代阴阳观念产生得很早,在文字产生之前早就有了。老子的文章里也经常牝牡对举使用。"玄牝"

就是玄妙的生殖器。说它是生殖器,比喻大道可以产出天地万物;说它玄妙,是因为任何产门都无法与它相比,在无形无象不知不觉中就把天地万物生化出来了。

"玄牝之门,是谓天地根。""门"就是产门。句谓,玄妙的生殖器般的大道就是天地的根源。大道运化先生出天地,天地的阴阳二气化合产生万物。天地是万物的根源。大道是天地的根源。也就是说宇宙的本体是大道,宇宙的发生是大道的运化所致。老子哲学的本体就是非物质性也非意识性而存在的大道。不能按物质第一性、意识第二性去理解。物质世界是大道运化之后的产物。唯物主义论者说老子的大道是物质性的,唯心主义论者说大道是意识性的,这都不是老子的思想。宋明理学认为没有天地之前就有个天理存在。这只能算做是理学家的思想。老子的思想是,大道是物质与意识的本源。但大道本身既不是物质,也不是意识。它既不是有,也不是无,它就是一种真实的存在。之所以难以理解,是因为我们囿于物质世界的识见,总是想把它当成一种物质去认识。而老子要探索的却是天地万物产生之前的宇宙本体。

"绵绵若存,用之不勤。""绵绵"就是绵绵不绝的意思,"存"是存在。句谓,大道绵绵不绝地产出,好像是一种存在,不断发挥作用,但它又不劳动。之所以说它好像是一种存在,正是因为,一说存在人们就会按存在的物质那样把它当成是有。大道不是物,但它存在,又不是有。存在不等于有,大道的存在产生了有和无。不让人们按实有之物去理解它,所以才说"若存"。它的存在又是无可置疑的,因为它无时无处不在运化,它的作用遍及古今万物,但却看不见它劳动,自然展开而已,所以才说"用之不勤"。"不勤"就是不劳不动。

这一章说明大道化生天地万物的功能和它自然展开的特性。

第七章

天长地久。天地所以能长且久者,以其不自生,故能长生。是以圣人后其身而身先,外其身而身存。非以其无私邪,故能成其私?

【译文】

天地长久存在,天地所以能够长久存在,正是因为它不自己生育自己,所以才能够长久生存。正因为如此,圣人总是把自己放在众人的后边,却能身居前列;总是把自己置之度外,却能保全自身。这不正是因为无私,才能成全自私吗?

【讲疏】

林语堂先生说:"老子爱唱反调,几成怪癖。"(见《老子的智慧》)我想这大概是为了警世吧!但更深层的原因是老子唱反调,有他"相反相成"的哲学根据,不能解释为一种爱好。这一章又是一组相反相成的例证。

"天长地久。"句谓,天地长久,永不寂灭。

"天地所以能长且久者,以其不自生,故能长生。""不自生"主要指的是不自己生育自己。这显然是与人及万物生命的短暂相比较而言的。前面我们说到,老子把宇宙的生成分为四个阶段,这四个阶段,天地之前属于永恒的生命,人与万物属于非永恒的生命。万物为什么会死，天地为什么会不死？老子认为主要就是，万物都是自己生育自己，如猫生猫、狗生狗。而天地自己不生育自己，也就是说，天不生天，地不生地。扩展一点说，天地不生育自己是一种不自私的行为，故下文又推导出关于自私的话题。

"是以圣人后其身而身先，外其身而身存。"不自生而得长生，自生而不得长生的自然现象，被圣人认识到了，所以圣人在一事当前，总是把自己放在后边，把他人放在前边，这样反而得到了民众的尊敬，愿意推举他做领袖，于是跃居于所有人的前边。"外其身"是指把自己放在考虑之外。就是一事当前，替他人着想，不考虑自己。正因为如此，反而得到了民众的热爱，民众就会共同来保全他。河上公注："先人而后己，薄己而厚人"，"天下敬之，先以为长"，"百姓爱之如父母，神明佑之若赤子，故身长存"。讲的就是这个意思。

"非以其无私邪，故能成其私？""成其私"，是指使其私成。句谓，难道不正是因为无私，所以才能做到更有利于自己的私吗？老子这样反问，一是基于人们自私的愚昧，二是要突出私与不私相反相成的微妙关系。提醒人们，一味自私常带给自己的是祸害，即使是仅从狭隘的个人利益出发，也应该反其道而行之。因为无私是天地之道。任何人都不可能是想私就能私的。可惜人们常常是看到了局部暂时的得利，而忘记了天地的大道。

这一章说明天地无私的特性，及无私与私相反相成的关系。

第八章

上善若水。水善利万物而不争,处众人之所恶,故几于道。居善地,心善渊,与善仁,言善信,正善治,事善能,动善时。夫惟不争,故无尤。

【译文】

上等的善人像水一样。水有利于万物却与世无争。处在大家都不愿意去的地方,所以与大道的特性接近。停居喜爱卑下之地,心灵喜欢渊深沉静。与人交往能够仁爱,说话能够讲信用。正物能够安治,做事能够贤能,行动能够适时。正是因为与世无争,所以就没有人怨恨。

【讲疏】

这一章用水的特性比拟上等善人的行为,说水的同时也在说人。

"上善若水。""善"是好的意思。"上善"是上等的好人。一般的好人是不损害他人的人,再高一点的好人是有利于他人的人。上等的好人就是普利众生的人。"上善"是明道的人。句谓,上等的善人好像水一样。这是总的比喻。

"水善利万物而不争,处众人之所恶,故几于道。"在这一章里,"善"作动词用的时候都是喜欢或能够的意思。"所恶"指厌恶的地方。"众人之所恶",即大家都讨厌的地方,指卑下之地。"几"是接近。这几句抓取了水三个方面的主要特点:一是不争,二是喜欢处在人下,三是近于大道。水与人物不同。人往高处走,水往低处流。草木往上长,水向下流。不与人物争高地。老子抓住了水甘居卑下、与世无争的特点来比喻上善之人的特性。两者都与大道的特性接近。

"居善地,心善渊。""居"是停居。"心"指水心,也指圣人心。"居善地"从水的角度去说,万物都争高地,水喜欢流往卑下之地。从大道的角度说,"天之道,损有余而补不足"(七十七章语),大道也是向低处流。上善之人在这一点上与水相同,故都接近道。"心善渊",从水的角度说,水流入深川大谷,水的中心就形成了深渊。大道的特性也是"渊兮,似万物之宗"(四章语),上善之人的心灵在深沉上与水相同,都接近道。

"与善仁。""与"是与外物交往。"仁"是仁爱。句谓,与人交往能够仁爱。水普利万物,大道也普利万物,上善之人也普利万物,显示了与外物交往共同的仁爱特性。

"言善信。""信"是讲信用。水最讲信用,朝宗于海,从不失信;鉴可照人,从不欺骗。大道有规律可循,从不失期,上善之人说话讲信用的特性与水和大道一致。

"正善治。""正"是正物。"治"是得到治理。水最为公平,所到之处变为水平;大道制衡宇宙,公正无私;上善之人在公正无私,处理恰当方面与水和大道的特性相近。

"事善能。"句谓,办事能够贤能。水能力最强。"天下莫柔弱于水,而攻坚强者莫之能先,以无以易之也"(七十八章语)。大道是无所不能的,上善之人在办事贤能方面与水和大道的特性相近。

"动善时。"句谓,行动能够适时。水顺应时序,冬凝夏化,春雨秋露,从不违时。大道运行四时秩序井然。上善之人在行动适时这一点上与水和大道相近。

以上七个并列句,把水的特性,上善之人的特性与大道的特性进行类比,说明了上善之人应当有什么样的表现。

"夫惟不争,故无尤。""惟"是只有。"尤"是怨恨。句谓,正是因为与人无争,与世无争,所以才没有人怨恨。

这一章说明上善之人与世无争和普利万物的特性。

第九章

持而盈之,不如其已;揣而锐之,不可长保。金玉满堂,莫之能守;富贵而骄,自遗其咎。功成身退,天之道。

【译文】

手里端得满满的,不如放下。打磨得很尖利,不可能长期保持。金玉满堂,没有哪个人能守得住。富贵而高傲,自己给自己留祸害。功成身退,这是天的运行之道。

【讲疏】

这一章的主要线索是要克制人的占有欲。

"持而盈之,不如其已。""持"是手里拿着。"盈"是满。"之"指代手里拿的东西。"其"指代这种做法。"已"是止。用俗话说就是,手里端得满满的,不如放下,就是说谁能长久端着不放,太累了,越满越受不了,不如放下更轻松一些。

"揣而锐之,不可长保。""揣"、"锐"都有异文,但异文的意思不顺。河上公注:"揣,治也。"王弼注:"既揣末令尖,又锐之令利,势必摧衄刃,故不可长保也。"看来,揣是打磨的意思,句谓,打磨得尖利,很容易挫断,不可能长久保持。这两句用来比喻,把住不放是任何人都无能为力的,把持得越多,扔掉得越快。锋芒毕露,很快就会受到挫折。这是自然规律。

"金玉满堂,莫之能守。""莫"意为没有哪一个人。句谓,金玉堆满屋子,哪个人也长期守不住。世界上没有永久的富翁。《左传》里说:"君子之泽,五世而斩。"公侯帝王都保不住,更何况是一般人。

"富贵而骄,自遗其咎。""遗"是留给,"咎"是灾祸。这两句进一步推导,富贵即使不骄都不能长保,更何况是以富贵骄人,那简直就是自取其祸。不但保不住,还会因富贵而招致祸害。

"功成身退,天之道。"这一句《淮南子》本引作"功成名遂身退,天之道"。遂也是成功的意思。"功成身退"是说,成功了之后就要急流勇退,不要把住功劳不放。"天之道"是说,这是天的运行之道。春天完成了生发万物的任务,就退出来,把时令让给夏天;夏天完成了长养万物的任务,就退出来,把时令让给秋天;秋天完成了成熟万物的任务,就退出来,把时令让给冬天;冬天完成了归藏万物的任务,就退出来,把时令让给春天。天的运行规律就是功成身退,从不把住不放。人要想学到大道,就应当学习天,奉行天之道。

这一章说明大道功成身退的特性。

第十章

载营魄抱一,能无离乎?专气致柔,能如婴儿乎?涤除玄览,能无疵乎?爱民治国,能无知乎?天门开阖,能为雌乎?明白四达,能无为乎?生之畜之,生而不有,为而不恃,长而不宰,是谓玄德。

【译文】

让抱合为一的魂魄附在身体上,能做到不分离吗?专心致志地守住元气保持柔软,能做到像婴儿一样吗?清除妄念,返观内照,能没有瑕垢吗?爱民治国,能做到不使智术吗?随天地造化之门开合,能做到母性那样去养育吗?内心明白四达,能做到自然无为吗?生育万物、养育万物,却不自己占有;做出了奉献,却不自居有功;起了管理的作用,却不主宰万物。这叫做合大道的德行。

【讲疏】

这一章涉及到一些古人对人体生命结构的认识,读的时候注意一下它的内涵。

"载营魄抱一,能无离乎?""载"是附载,用以指人的肉体与精神的关系,是说肉体是精神的载体,精神要附在肉体上不能分离。河上公注:"营魄,魂魄也。"魏源说:"营,读为魂。"如此说来,营魄就是魂魄。魂魄都是精神性的。分开说魂属阳,魄属阴,魄是魂的载体,魂是魄的精神。用现代的话说,魄近似于人的精力,魂近似于精力的功能。人如果丢了魂就成了神经病,如果丢了魄就成了植物人,魂魄都丢了就成了死人。古人认为魂魄有不同,但合起来相对于肉体而言,魂魄都是精神性的。魏源说:"心之精爽,是谓魂魄。"说的就是这个意思。一个健康的人魂魄也不能分离。"抱一"指聚合为一。"载营魄抱一"是说,让人的魂魄抱合为一附在肉体上。古人认为魂魄能游离于体外,比如做梦或得了癔病,古人认为就是魂不附体了。人要健康,保持大道所赋予的生命,不仅是个肉体强壮的问题,更主要的是肉体与精神的完整。而且精神完足比肉体强壮更为重要。《庄子·达生篇》里说:"养形必先以物,物有余而形不养者有之矣;有生必先无离形,形不离而生亡者有之矣……悲夫!世之人以为养形足以存生,而养形果不足以存生,则世奚足为哉!"意思是说,保养肉体必须先有一定的物质条件,然而物质条件充足却不能保养肉体的事情经常发生。保有生命必须先保证肉体强壮,然而肉体强壮却死了的大有人在……可悲呵!世上的人认为保养肉体就可以保住生命,事实上却是保养肉体不能保住生命,那么世人那套养生的做法还值得照着去做吗?老子这里也是说,世人那种养生办法不行,要养生就得形神抱一。"能无离乎"就是说,能做到不让形神分离吗?意思是做得到就合大道,做不到就不合大道。

"专气致柔,能如婴儿乎?""气"指的是元气、真气。古人认为,人得天地元气才有了生命,所以不能伤了元气。"专气",河上公注"专守精气使不乱",即专心致志地守住元气。想要养生的话,就必须精神专注地守住元气。"致"是达到。"致柔"是说,守住元气不伤,达到肢体柔软。"能如婴儿乎"是说,能像婴儿那样生命力旺盛吗?"柔"指柔软,充满生命活力。老子在第七十六章里说:"人之生也柔弱,其死也坚强。万物草木之生也柔脆,其死也枯槁。故曰:坚强,死之徒也;柔弱,生之徒也。"人活的时候,肢体柔软,死了的时候,肢体僵硬。可见他说的柔,指的是柔弱、柔软、柔嫩,充满生命活力,所以才说能像婴儿一样吗?用现在的话说,柔软适应性强,坚硬适应性差,柔弱再生能力强,坚强再生能力差,人越长身体越强壮,但离死也越近。所以要保持婴儿一般的柔弱,生命活力才旺盛。保持柔软才合养生的大道,反其道而行背离大道。

"涤除玄览,能无疵乎?""涤除"就是洗涤清除,当然要清除的是污垢,但这里说的是心灵中的污垢。主要是指心中的欲念、妄情、私智等,"玄"是深微的样子。"玄览"指对内心的观照,就如同练气功说的"收视反听,返观内照",河上公注:"当洗其心使清净也,心居玄冥之处,览知万事,故谓之玄览也。""疵"是瑕垢。句谓,净化心灵,返观内照,心灵能像天宇一般聚守纯气,澄澈无瑕吗?能做到就合大道,做不到那就是与大道还有距离。

"爱民治国,能无知乎?""爱民治国"就是爱抚人民治理国家。"知"指的是智术,不是一般意义上的智能。智能秉受于天,是与生俱有,不可能无。"智术"指的是以智治国,说通俗点就是想绝招、出点子、找窍门。老子认为治国就应当顺应自然,老老实实地去做,没什么窍门可找,人有了欲望才产生了争斗,有了争斗才产生了智术。《庄子·徐无鬼篇》里举了个例子,说黄帝问一个牧马童子怎样治理天下,牧马童子回答说:"夫为天下者,亦奚以异乎牧马者哉!亦去其害马者而已矣。"也就是说,治理天下也和放马差不多,去掉对马不利的东西就可以了。于是黄帝就拜牧马童子为天师。治理天下不能与百姓斗心眼,去控制百姓,而是为百姓谋福利。总想用一招控制百姓这就是用智术了。老子认为不用智术合乎大道,用智术不合大道。

"天门开阖,能为雌乎?""天门"指天地生化万物之门,即前文说的"玄牝",这里指人顺应天门开合的体验。这个门无形无象,既看不见,也找不到它在哪里,但它不断地在生化,可以用思想去感知到它的存在。"开阖"即开合,指一阴一阳的运动,《周易·系辞》里讲:"阖户谓之坤,辟户谓之乾,一阖一辟谓之变,往来不穷谓之通。"老子说的天门开合就是指这种天地阴阳的运动。"雌"是雄雌的雌,即阴性的,女性的,母性的。《系辞》里又说:"夫坤,其静也翕,其动也辟,是以广生焉。"说的就是阴性的大地开合化生万物。古人认为阴阳相合化生万物,阳的作用如同是播种,阴的作用是把种子孕育成生命长出来。故《周易·系辞》里讲:"乾知大始,坤作成物。"雌性是万物孕育成形的母体。河上公本"为雌"作"无雌"。"能为雌乎"就是说,能做到像母亲那样去养育万物吗?其实就是要人去养育万物,不要逆天地去破坏它的生化功能。人能体悟天地阴阳的运化,能做到像母亲那样养育万物就合大道,反之则不合大道。

"明白四达,能无为乎?""明白"是心里明白,"四达"是无所不达,即通晓一切。老子认为大道是万物之源,通晓了大道就从根本上认识了万物,无所不知,无所不晓。就是第一章讲的,"玄之又玄,众妙之门"。不是对万物逐个地去研究。"能无为乎"是说,能做到自然无为吗?在《淮南子》的引文里"无为"与前文的"无知"位置互换。但无论在什么地方,"无为"指的还是顺应自然去做,古人认为不顺应自然,一按自己的意思去做,就出现了伪,故说"人为为伪"。按自然的发展去做就是"无为"。王安石在《答司马谏议书》里批评那种对无为的错误理解是"一切不事事"。"一切不事事"就是什么也不干,这不是"无为"的含义。老子认为,自然无为与大道相合,按个人愿望去做与大道不合。

"生之畜之,生而不有。""之"指代万物。"畜"是畜养。意思是说,生育万物,养育万物,生养了但不自己占有。也就是说,生养了万物,就让万物按个性去发展,大道就是如此,明道的人也应当如此。

"为而不恃,长而不宰。""为"是做出了贡献。"恃"是依赖。"长"是为长,指管理。"宰"是主宰。句谓,自己做出了贡献,但不去依赖它,自己管过它,但不去主宰。以上这几句都是在说明大道无私的特性,明道的人也应当无私。

"是谓玄德。""是"相当于这,玄是深微难见,深微难见是大道的特性,"玄德"用以指人的德行,就是与大道相合的德行。人不可能成为大道,但德行可以与大道的德行相合。前面讲的"生而不有,为而不恃,长而不宰"这些无私的德行都是大道展示给人的。人要学习大道,就照大道的做法去做。也不要以为这是什么风格高、姿态高,而是不这样做就不合大道。

这一章说明人的个人修养与大道生而不有,为而不恃,长而不宰的无私特性。

第十一章

三十幅共一毂,当其无,有车之用;埏埴以为器,当其无,有器之用;凿户牖以为室,当其无,有室之用。故有之以为利,无之以为用。

【译文】

三十根辐条穿在一个轴毂上,留出空无处没有填实,才会有车轮的用处。团弄泥巴做成陶器,留出空无处没有填实,才会有器皿的用处。房子里凿出窗户、门洞,留出空无处没有填实,才会有做居室的用处。所以说,实有有使用的便利,空无可以发挥它的效用。

【讲疏】

这一章说明无的用处。

"三十辐共一毂,当其无,有车之用。""辐"是车轮上的辐条。古代的大车,每个轮子上有三十根辐条,据说是按每月有三十天确定的数目。"毂(gǔ)"是车轮子中间插车轴的轴碗,样子像个圆环,环的中间插车轴,环的外边安辐条。车轴不转动,毂随车轮转动,所以车毂必须是空的,不能填实。辐条与辐条之间也留有空隙,这样车轮子才灵活,所以也不把车轮子做成整的。正因为留出了空隙处,车才有用。如果填实了,车就不好走了。这是老子举的第一个"无"有用处的例子。

"埏埴以为器,当其无,有器之用。""埏(yǎn)"是制陶工人把泥巴揉展成泥条。"埴(zhí)"指的就是制陶的泥巴。"器"就是制出的陶器。制陶工人把泥巴捏制成陶器,无论是缸罐还是碗盆,也必须是空心的,不能是个填实的泥疙瘩。正是因为留出了空无处,陶器才能当做器皿使用。这是老子举的第二个"无"有用处的例子。

"凿户牖以为室,当其无,有室之用。""凿"是挖凿。"户"是门。"牖(yǒu)"是窗户。"室"指房子。盖房子要留出门窗的空无处,房子里边更得留有空间。古人版筑打墙,四堵墙围成一个房间,打成的每堵墙都是一个整体,不能事先预留门窗,所以打成墙后就得挖凿出门窗的空洞。正是因为挖凿出空洞,才能当房子使用。这是老子举出的第三个"无"有用处的例子。

"故有之以为利,无之以为用。"这两句是对以上三例的总括。句谓,所以人们总是先要有了东西,有了东西使用起来方便,"利"也是"用"的意思。"有之以为利"是大家都知道的。而"无之以为用"人们就不以为然了。老子通过以上所举三例,证明了,实有的用处正在于它的空无处。说明大道就是在无形无象地发挥作用。

有和无是对立的存在,它们是相互依存的关系,然而人们都看重实有,轻视虚无。不懂得虚无有它不可忽视的作用。老子针对人们这种不明大道的普遍表现,在这一章里特别强调了虚无的重要性。

第十二章

五色令人目盲,五音令人耳聋,五味令人口爽,驰骋田猎令人心发狂,难得之货令人行妨。是以圣人为腹不为目,故去彼取此。

【译文】

沉溺在五颜六色的缭乱之中,会令人眼盲;沉溺在五音六律的嘈杂之中,会令人耳聋;沉溺在五味的珍羞美味之中,会令人失去胃口;沉溺在田猎驰逐的爱好之中,会令人心发狂;沉溺在难得之货的欲望之中,会妨害人的行为。因此圣人重视满足肚子的需要,不注重眼睛的欲望。所以要去掉那些有害的欲望,选取这些无害的需求。

【讲疏】

这一章说明人的生理需求与人的无厌欲望不同,正确的养生方法是只满足生理需求,而不是放纵欲望。

人的欲望从哪里来?老子前文说"不见可欲,使心不乱"。欲望来自感官的永不满足的追求,人的感官,眼睛是视觉器官,耳朵是听觉器官,舌头是味觉器官,身体是触觉器官,心是意觉器官(古人认为如此)。这一点不独老子认识到了,佛家的大师也注意到了。《心经》里说:"空中无色,无受想行识,无眼耳鼻舌身意,无色声香味触法。"意思是说,把这些器官的感觉当成是空的,就没有花花世界的干扰了,也就没有感受、想望、追求和感知了。所以放弃了眼耳鼻舌身意的追求,就根本上屏除了色声香味触的诱惑。老子在这里也举了五种感觉器官给人带来的欲望追求及其造成的祸害。

"五色令人目盲。""五色"指红黄蓝白黑,是针对视觉器官的眼睛说的,当然包括眼睛能看到的一切。"盲"是眼瞎,就是失去视觉功能。五色并不令人眼瞎,但老子讲的是过分追求,超出了视觉功能的限度,就会眼瞎。正确理解这句话的意思,是说过分沉溺在视觉追求的欲望之中,就会让人眼瞎。因为人的视觉功能是有限的,而视觉引出的欲望是无限的,以无限对有限,势必会眼瞎。

"五音令人耳聋。""五音"指宫商角徵羽,是针对听觉器官的耳朵说的,当然是包括耳朵能听到的一切。"聋"是失聪,就是失去听觉功能。五音并不令人耳聋,但老子讲的是过分追求,超出了听觉功能的限度,就会耳聋。正确理解这句话的意思,是说过分沉溺在听觉追求的欲望之中,就会让人耳聋。因为人的听觉功能是有限的,而听觉引出的欲望是无限的,以无限对有限,势必会耳聋。

"五味令人口爽。""五味"指酸甜苦辣咸,是针对味觉器官的嘴说的,当然五味包括嘴能品味到的一切。"爽"是错失的意思,用如丝毫不爽的"爽"。"口爽"就是失去味觉功能。与上同理,"五味令人口爽"的意思是,过分沉溺在味觉追求的欲望之中,会令人失去口的味觉功能。

"驰骋田猎令人心发狂。"这是针对人的触觉器官身体说的,人在驰逐围猎之中,手之所触,身之所感,刺激过分,就会令人心里发疯,当然这也是指过分沉溺在田猎的刺激之中。句谓,过分耽溺在驰逐田猎这种触觉追求的欲望之中,就会让人心发狂。

"难得之货令人行妨。""难得之货"是针对意觉器官的人心说的,难得之货指的是珍宝。"妨"是妨害。人如果着迷似地无厌追求珍宝,行为就会受到妨害。句谓,过分耽溺在意觉追求的欲望之中,就会让人行为受到伤害。

以上五种欲望都会给生命造成损害,老子极言它的严重后果,就是要让人们懂得戒除欲望的必要性,正确养生。但欲望与人的生理正常需求不同。人要吃饱肚子这是生理上的正常需求,这不能戒除。下两句总括以上意思。

"是以圣人为腹不为目,故去彼取此。"圣人是明道的人,"为腹"就是让肚子吃饱,这是举例性的说法,其实指的是,圣人养生的正确做法是满足正常的生理需求。"不为目"就是不去满足眼睛的无厌欲望。这也是举例性的说明,其实指的是,不去满足所有的无厌欲望。"彼"是那,指的是那些欲望,"此"是这,指的是这些生理上的正常需求,"故去彼取此"是说,所以要去掉欲望,选取生理需求。

这一章强调说明欲望对人的危害。

第十三章

宠辱若惊,贵大患若身。何谓宠辱若惊?宠为上,辱为下,得之若惊,失之若惊,是谓宠辱若惊。何谓贵大患若身?吾所以有大患者,为吾有身。及吾无身,吾有何患?故贵以身为天下,则可寄于天下;爱以身为天下,乃可托于天下。

【译文】

遇到荣辱大惊小怪,把大祸患看得比自己的生命还重要。什么样的表现叫做遇到荣辱大惊小怪呢?认为受到荣宠就无上尊贵,受到屈辱就无比下贱。得到了要吃惊,失去了也要吃惊,这就叫做遇到荣辱大惊小怪。什么样的表现叫做把大祸患看得比自己的生命还重要呢?我之所以会有大祸患,正是因为我有生命,等到我没有了生命,我还会有什么祸患?(显然生命重于祸患。)所以说,把自己的生命看得比获得天下还重要的人,才可以把天下交给他。对自己的生命比对获得天下还爱惜的人,才可以把天下交给他。

【讲疏】

这一章讲得有些混乱,理解起来有些困难。要注意以下几个难点,一是生命重于天下的关系,老子说的"天下"指的是获得统治天下的权力,不是天下所有的人。有人把它当成是天下所有的人,以为把自己的生命看得比天下所有的人还重要,认为老子是个极端的个人主义者或极端的活命主义者,这就歪曲了老子的意思。二是老子说的"大患",大患指的是得到统治天下的权力。人们都把名和利当成是福,老子认为名利其实是祸患,这在上一章里已有明确的说明。什么吃喝玩乐、声色犬马那其实是祸患。统治天下是人们认为最大的名利,所以老子说它是大患。三是注意原文的校注,自从魏源本把"宠为上,辱为下"校为"宠为下"之后,这段话就晦涩不通了。魏源先生在校注方面做出了很大贡献,我们要感谢他,但也没有必要把他的错误延用下来。从老子原文前后意义的联系上去校注,这才是最基本最可靠的校注法,因为这是内证。魏源把这一句校错了,所以他认为前人讲得"俱谬",而自己也讲得一塌糊涂。四是这一章用了较多的形容词意动用法,不能按形容词去理解,比如贵,是指认为它贵,上是认为它上,下是认为它下等等,突破了以上四个难点,我们就可以顺利地阅读原文了。

"宠辱若惊。""宠"指的是荣宠,就是得到荣贵的地位,"辱"是卑辱,就是从尊贵的地位掉下来。"惊"是太在乎这些东西了,所以感到吃惊。句谓,遇到了荣贵,遇到了卑辱,都感到吃惊。这当然是对普遍世态的一种描写。

"贵大患若身。""贵"是意动用法,是认为它贵,也就是把它看得太重要了。"大患"的字面义是大的祸患,引申一步是大的名利,再引申一步就是得天下,老子在下文里明确地提到"天下",讲成别的意思就不通了。读老子的著作,就应该按老子说的算。"身"是自身,指自己的生命。句谓,把获得天下的统治权看得比自己的命还重要。这也是对普遍世态的一种描写。老子举出以上两种人情世相,是要说明,世人不明白养生的道理,太在乎名利了,这太可笑了。

"何谓宠辱若惊。"句谓,什么叫做宠辱若惊呢? 下面的解释就是用人情世相来说明。

"宠为上,辱为下。""上"是认为高贵。"下"是认为卑下。此句在《老子本义》和王弼本里都作"宠为下"。苏健的《古本考》做了校订。魏源说:"陈景先、李道淳作'何为宠辱若惊,宠为上,辱为下。'"句谓,把得到荣宠看得就是高贵了,把受到卑辱看得就是低贱了。这是人情世相的普遍表现,不是个别人的行为,所以才当成个社会问题提出来讨论。

"得之若惊,失之若惊。"句谓,得到了荣辱感到吃惊,失去了荣辱感到吃惊。"之"指的是宠辱。意思是荣辱得失都吃惊,那就没一天好日子过了。这是与养生大反其道的。

"是谓宠辱若惊。""是"指示代词这。句谓,这就叫做宠辱若惊。以上是老子对"宠辱若惊"的解释。

"何谓贵大患若身?"句谓,我说的"贵大患若身"指的是什么意思呢?只不过是没有直接解释,而是用了一个反问句。

"吾所以有大患者,为吾有身。"句谓,我所以会有大的名利欲望,正是因为我有自己的生命。

"及吾无身,吾有何患?""及"有的本子作"苟",也通,不如"及"字恰当。"及"是等到。句谓,等到我连自己的生命都没有了,我还会有什么名利欲望的祸患?这是个反问句,反问句是无疑而问,答案是不言而喻的,如果我们一定要把它补出来,老子的意思是说,没有了生命,名利欲望的存在基础就没有了,是不是生命比名利欲望重要得多呢?那么养生首先应当注重自己的生命,把名利欲望要看淡一些。到这里如果不是原文有脱误的话,老子把"贵大患若身"解释完了。意思是我说的"贵大患若身",就是人情世态中那种不顾死活地追逐名利。

"故贵以身为天下,则可寄于天下。""以……为"在这里是把什么看成、认为成什么的意思。只不过"贵以"是个介宾倒置的词组,是

"以贵"的意思。"贵"是认为贵重。按现代汉语的顺序是"以贵身为天下",意思是说,把自己的生命看得比天下还重要。"天下"指拥有天下,即获得统治天下的权力。变成现代的话说就是,把自己的生命看得比当皇帝老子还重要。"则"是那么。"寄"与下文的"托"互文,是寄托、托付的意思,现在一般说成交给。"于"是介词,介词宾语省略。"寄于"是"寄之于"的结构省略。"则可寄于天下"的意思是说,那么才可以把天下交给他去治理。

"爱以身为天下,乃可托于天下。""爱以身为天下"与"贵以身为天下"句法结构相同,只不过"爱"是动词,"贵"是形容词活用为动词。也正是因为"爱"是动词,才证明了老子把"贵"活用为动词。这句话的意思是说,把爱护自己的生命看得比拥有天下还重要。"乃可托于天下"与"则可寄于天下"结构相同,是"乃可寄之于天下"的省略,"乃"是才。句谓,这样的人才可以把天下交给他治理。要正确理解老子的意思,老子不是说个人重于天下。他强调的是明白养生之道的人才有可能治理好天下,那些不明养生之道的人,大理不通,本末倒置,连自己都治理不好,怎么可能治理好天下呢?再简单点说就是,明白大道的人才能治天下,不明白大道的人没资格治天下。

这一章被人讲得混乱极了,我们看看《庄子》怎么说。庄子在《让王》篇里说:"夫天下至重也,而不以害其生,又况他物乎?唯无以天下为者可以托天下也。"庄子的意思是说,拥有天下那可以说是最重的名利了吧,但明道的人也不会为此而损害自己的生命,更何况是其他的小名小利呢?只有那些不想从拥有天下中获取名利的人,才可以把天下交给他治理。同篇中还说:"能尊生者,虽贵富不以养伤身,虽贫贱不以利累形。今世之人居高官尊爵者,皆重失之,见利轻亡其身,岂不惑哉?"意思是说,能尊重自己生命的人,虽然富贵能有条件更好地保养身体,但也不会为了得到更好的保养条件去伤害自己的生命；虽然贫贱没有保养身体的有利条件，但也不会为了得到更有利的条件去拖累自己的身体。现在世上有高官显位的人，都太看重了这些有利条件，只怕失去官爵，见了这些有利条件，轻易地就不要命了，这难道不是大糊涂吗？庄子也不是完全不要名利，而是把名利作为一种养生的有利条件来看待。养命条件与生命本身相比，当然生命本身更重要，这就比较透彻地解释了"及吾无身，吾有何患"的含义。庄子还在这一篇里举了许由、古公亶父、王子搜等大量把生命看得重于获得天下的古圣先贤，来证明这个问题，说明养生的正道。有庄子的文章作证明，我们可以准确理解老子这一章的含义。讲成其他的意思，既不合文法，也不合文献的佐证。这也不能看成是"以庄例老"（魏源语），因为庄子的意思本来就与老子的意思一致，是后人的理解出了问题。

这一章说明生命重于一切。

第十四章

视之不见名曰夷;听之不闻名曰希;搏之不得名曰微。此三者不可致诘,故混而为一。一者,其上不皦,其下不昧。绳绳兮不可名,复归于无物。是谓无状之状,无物之象,是谓惚恍。迎之不见其首,随之不见其后。执古之道,以御今之有。能知古始,是谓道纪。

【译文】

用眼睛去看看不出来,都一个样子,叫做夷。用耳朵去听听不见,模模糊糊,叫做希。用手去摸摸不着,细细微微,叫做微。这三种方法都无法认知,问不清说不明,只能混同为一个整体。这个浑沌的整体,从上边看它也不明,从下边看它也不暗。无头无尾,绵延不绝无法名状,还是归纳为超物质的存在。这叫做没有形状的形状,没有物的影像。恍恍惚惚,从前面去看,看不到它的首;从后面去看,看不到它的尾。掌握住万物产生前的大道,运用到现在万物产生后的实有,用以认知宇宙的本源,这叫做大道的纲纪。

【讲疏】

这一章说明大道似有似无完全不同于物的特性,并说明体验大道的方法。

老子非常想把自己认识到的大道告诉人们,但大道实在是与任何物都不一样，前面举了些物进行类比，如水有较多的特性与大道相似，但大道并不与水是一回事，这一章就是直接来描写大道的本体。然而想让人们明白还得照顾到人的认识能力。人的认识都是对物的认识，无法按这种认识说明大道，所以较多地强调了大道不同于物的特性。人们之所以把老子的学说称做玄学，就正是因为总想按理解物那样去理解老子说的大道。其实老子是一点也不想玄，更不是要故作高深地玄玄乎乎，反而是想把问题说清楚，才不得已说大道不同于物的特性。说大道与物的区别，正是要从区别上说明大道。

人认识外物的感知手段主要就是看、听、摸、嗅、想，就是前面说的视觉、听觉、触觉、味觉和意觉。老子在这里说了视听摸三种，如果再说的话，还可以加一句："嗅之不得，名曰淡。"但这就不押韵了。再剩下的就是想了。

"视之不见名曰夷。""夷"是齐平，在这里指的是都一个样，分辨不清，看不出来的意思，这是针对视觉说的。就是说，用眼睛去看它，它看不见，都是一个样子，这叫做夷。要看什么？当然是要看大道。怎么知道是说大道？因为老子的道德经就是要说大道的么，怎么可能去说别的呢？这一句是告诉人们认知大道，视觉功能起不了大作用。

"听之不闻名曰希。""希"就是稀，稀少，很模糊。句谓，用耳朵去听，它听不见，模模糊糊也辨不清，这叫做希。这一句是告诉人们认知大道，听觉功能也起不了大作用。

"搏之不得名曰微。""搏"是用手去抓，这里泛指触觉，可理解为用手去摸。"微"是微小，似有似无。句谓，用手去摸它，它摸不着，细小得无法感知。注意这一句的"微"，不是说大道是微小的，而是说触觉的感知是微小的。这一句是告诉人们认知大道，触觉功能也起不了大作用。

三种功能都有点失效,第四种就是味觉,味觉也不顶用,可知用鼻子去嗅一嗅它,它闻不到,味太淡了。味觉功能同样起不了大作用。

"此三者不可致诘。""此三者"指的是上面提到的三种认知手段。"诘"是问,"致"是认识到。"致诘"是问清楚、说清楚的意思。"不可致诘"是说,我们就这么些认知手段,要按共同的认知手段去讲,要问我,我能告诉你,你也能认识到。但这三种认知手段都失效了,你要按这种认知方法问我怎么认识得到,你是问不清的,我也是说不明的。

那么大道无法传了吗?想个没办法的办法,我们可以整体地说说它不同于物的特点,好在我们还有一种意觉功能,可以从它与物的区别上去体验。

"故混而为一。"此句指的是三种认知功能单独靠哪一种都不行,那么我们试着把这三种功能加在一起共同去认识它,也就是说,把眼睛见到的分辨不清、耳朵听到的模模糊糊、手摸到的似有似无合成一个整体去认识。"一"指的就是这个整体,也就是大道的本体。

"一者,其上不皦,其下不昧。""一者"指大道,通行本无此二字,据帛书甲乙本补,语意更为显豁。"皦"是白的颜色,与昧对举,指明亮。"昧"是暗,与皦对举,指黑暗。句谓,这个整体的大道,看它的上边,它不明;看它的下边,它不暗。这是说它上下一样,不明不暗。不明不暗也是一种特点,从不明不暗中去体会吧。

"绳绳兮不可名。""绳绳"是名词迭用形成的形容词,指它的长度,这个长度指的是时间的长度,意为连绵不断。"名"意为名状,说清楚。句谓,它绵延不绝,没头没尾,不可名状,说不清。说不清也是一种特点,从说不清中去体会吧。

"复归于无物。""复"是回到。句谓,还是回到无物的状态来说吧。这就明确地指出大道不是物,用现代的话说,大道是一种超物质的存在。不是物也是一种特点,从与物的区别中去体会吧。

"是谓无状之状,无物之象。"句谓,是没有像物质形状那样的形状,是没有像物质形象那样的形象。没有形状,没有形象也是一种特点,从无形无象中去体会吧。

"是谓惚恍。""惚恍"意为恍恍惚惚,如有似无的样子。句谓,这叫做恍恍惚惚,似有似无。恍恍惚惚也是一种特点,从恍恍惚惚中去体会吧。

"迎之不见其首,随之不见其后。""迎"是迎头,从前面看。"迎之不见其首"是说,迎头去看,看不见它的首。"随"与迎对举,指的是随后,即从后面看。"随之不见其后"是说,随在后边去看,看不见它的尾。无首无尾也是一种特点,从无首无尾中去体会吧。

到这里,老子举出了大道几个特点:一个浑沌的整体,不明不暗、不可名状、非物质的存在、无形无象、恍恍惚惚、无首无尾,让人们从这些特点中去认知它,那就是说视觉、听觉、触觉、味觉可以认知的是事物,大道不是事物,常用的认知方法在感知大道上都失效了,只能用意觉去认知。故罗列出以上意觉可以感知的特点。

那么,老子说的大道究竟是什么?不是物,老子已经说了。不是物就该是意识了,但意识不是体,而老子直指的是道的本体。况且没有物质,意识也不可能存在,老子在前面说"两者同出而异名",物质和意识也是不能分割而存在的,只能同出。非物质,非意识,如果一定要指实的话,那我们只好说,老子说的大道是一种无边博大的能量的存在。再往实里说,恐怕就违背了老子的意思。如果说它是气,那也不能说它是我们讲的空气,而是一种能量的气化存在,即道家讲的真气。指实为"以太",恐怕有点离谱。

"执古之道,以御今之有。""执"是执持,就是掌握。"道"就是那个巨大的能量。"以"是用来,"御"是使用,"有"指万物产生后的宇宙。句谓,掌握了古已有之的大道,应用到现在万物出现后的现实中。

"能知古始。""古始"指宇宙的原初。句谓,能够知道远古的开始。这是在讨论宇宙的本体,宇宙最初的本体就是一种巨大的能量。

"是谓道纪。"句谓,这就是大道的总纲。"纪"是纲纪。

这一章直接描写大道的本体。

第十五章

古之善为士者,微妙玄通,深不可识。夫惟不可识,故强为之容:豫兮若冬涉川,犹兮若畏四邻,俨兮其若客,涣兮若冰之将释。敦兮其若朴,旷兮其若谷,浑兮其若浊。孰能浊以止,静之徐清。孰能安以久,动之徐生。保此道者不欲盈。夫惟不盈,故能敝而不新成。

【译文】

古代善于做士人的人,精微神妙,心神与大道相通,深不可识。正因为不可识,故勉强地对他作些形容。好像是冬天过河,又好像是害怕四邻,端庄得像个客人,又好像冰雪在消融。敦朴像未凿的玉石,空旷像大川深谷,浑浑沌沌像是浑浊。谁能保持浑浊,静下来徐徐让它自己澄清。谁能长久安静不动,静中生动焕发生机。保有大道的人不要盈满,正因为不盈满,所以才能保持天性如旧而不重新造就。

【讲疏】

这一章举修道士人的形象,为怎样入道做示范。

"为"作为动词,带了"士"的宾语,就当做讲。"为士",就是做士人。再加上"善",就成了善于做士的人,也就是士人的典范。"士"是古代有贤能但没有官位的人,可理解为贤能的平头百姓。这一章是为常人修道树立典范。下一章才开始讲当权人的典范。从老子分开不同方面逐一论道去看,"为士"合情理,校订为"为道"不妥。

"古之善为士者。""为士"是做士人,帛书本作"为道"。句谓,古时候善于修道的常人,也就是修道修得好的一般人。一般人也可以修道,也有必要修道,不是大道只能治理天下,对常人无用。相反常人修道更具有普遍意义,所以先说常人入道的方法。

"微妙玄通,深不可识。""玄"是幽深,指的是外表看不出来,内心的精神如此。"玄通"是精神与大道相通,帛书本作"玄正"。句谓,精微神妙,心神与大道相通。故下文说"深不可识","玄、深"互文见义。这是告诫人们不要从表面上去学,要去体验他的内心。

"夫惟不可识,故强为之容。"句谓,正因为深不可识,而人们又是从外形上去学,才能把握,那我只好勉强地说说他的外形是什么样子。"强"是勉强。"容"指的是外形。"为"是动词,它的前面有状语"强",意思是说一说,讲一讲,描写一下。下文就是对他外形的描写。

"豫兮若冬涉川。""豫"与后面的"犹"互文见义,就是犹豫。犹豫是犹豫不决。在这里是好像是这,又好像是那的意思。"冬涉川"是冬天过河,古代没有那么多桥,过河是从冰上走,当然得小心,所以是如履薄冰的意思。"豫兮若冬涉川"是说,好像是冬天履薄冰要过河,想过又不想过的样子。

"犹兮若畏四邻。""犹"也是犹豫。"四邻"就是周围。句谓,好像怕受到周围的伤害,又好像不怕周围的伤害。

"俨兮其若客。""俨"是形容词,庄严的样子。"客"一本作"容",魏源本作"客"。上文已经有了一句"强为之容",这里再出现一个"容"字,句式不合。作"客"好一些。句谓,端庄得像个做客的客人。

"涣兮若冰之将释。""涣"是春风解冻冰雪融化的样子。《周易·涣卦》说"风行水上,涣",就是指春风解冻,坚冰融化叫涣。"释"也是消释。"涣兮若冰将释"是说,好像是在融化的冰雪。这是指他松软易溶,很容易与外物打成一片。

"敦兮其若朴。""敦"是敦朴。"朴"繁体字为"樸",通"璞",未凿的玉石。句谓,敦朴得像没有开凿过的玉石。这是描写他天然浑朴不人为加工的样子。

"旷兮其若谷。""旷"是广大。句谓,他心胸宽广像大川深谷。此句描写他的包容量的巨大。流之不满,酌之不损。

"浑兮其若浊。"句谓,他浑浑沌沌好像不清的样子,指的是不自显清白,故意与万物区别开,而是混同于万物的样子,即第四章说的"和其光,同其尘"。

以上七个方面的类比,就是老子描写的"善为士者"的外貌。

"孰能浊以止,静之徐清。"此两句要连在一起去理解,讲的是修道的方法。"孰"是谁,"止"是保持。句谓,谁能像善为士者那样,保持自己的浑浊,但又能静下来慢慢地让它自己澄清。

"孰能安以久,动之徐生。"句谓,谁能安静下来长久不动,但又能静中生动,慢慢产生生机。

以上两句是描写古之善为士者持守大道的样子,用"孰"来反问,是为了说明这是个样板,谁能做到这样就可入道,做不到就不算入道。入道之人身上体现的是动与静的统一,清与浊的统一,两者是自然相生的关系,不能强为。

"保此道者不欲盈。"句谓,保有大道的人不要满盈。这是指心要虚。《庄子》称做是"虚室生白"。老子的下一章也有"致虚极"的讲法。虚主要是指剔除妄念,进一步说是虚了才能融入大道。

"夫惟不盈,故能敝而不新成。"句谓,正是因为不满盈,所以才能做到陈旧而不去求创新。心里充满功利的欲望,必然要汲汲求创新。不是创新有什么不好,而是这种被功利驱动的做法,破坏了大道。也不是陈旧有什么好,而是保持天性才能接近大道。"敝"与"新"对举就是陈旧,与"成"对举就是不成,用不着绕弯子。要说引申的话,"敝"就是保持原样,即保持你原汁原味的天性。"新成"就是想在修道中重新塑造自己。这显然是在修道中搀杂了功利目的。

有人可能觉得老子这句话太守旧,太消极,于是把原文改成"故能不蔽而新成"。改的愿望是好的,但好的愿望不一定合老子的原意。我们看一看不同的本子。《老子本义》本是"故能敝而不新成",王弼本是"故能蔽不新成",《淮南子》引作"故能蔽而不新成",魏源引傅奕作"自以能蔽而不成",碑本作"能敝复成",或又作"弊"。有"新"在后对举,显然作"蔽",作"弊"就不合适了。讲成蒙蔽、作弊更不合适。几种本子都是"能敝",改成"不敝"是老子的意思呢,还是改者的意思呢?老子在第二十章里说:"众人皆有以,我独顽以鄙",在第二十二章里说"敝则新",这才是老子的意思。老子说"道者反之动",能敝才能常新。求新是过眼烟云般的新,稍纵即逝,保不住,所以才要能敝,这也是修道的方法,也是从正反两方面讲,即"新成"不是修道的方法,"能敝"才是正确的方法。

这一章描写修道士人的形象。

第十六章

致虚极,守静笃。万物并作,吾以观其复。夫物芸芸,各复归其根。归根曰静,静曰复命,复命曰常,知常曰明,不知常妄,妄作凶。知常容,容乃公,公乃王,王乃天,天乃道,道乃久,没身不殆。

【译文】
达到极度的空虚,坚守静寂。万物一起蓬蓬勃勃地生长,我从中观察它们返本归源的运动。万物繁多纷杂,各自又都返归到本源里去。返归到本源叫做静,静下来叫做回到了性命,回到性命叫做守常,知道守常叫做明。不知道守常,就会盲动,盲动就会招致凶祸,知道守常才能包容,能包容才能公道,公道才合王道,王道才是天道,天道才是大道,大道才能永恒,终身不会出现困阻。

【讲疏】
这一章强调致虚守静的功夫。

"致虚极,守静笃。""致"是使……来到。"虚极"就是极虚。老子的著作,因为是经典,为了便于人们的背诵记忆,所以写成了韵文。韵文为了协韵的方便,有时不得不改变一下措辞和语序,理解时不要死凿。"致虚极",就是"致极虚";"守静笃",就是"笃守静"。这是修道的基本方法。"致虚极"是说,自己如果想修道的话,要努力使自己达到极端空虚的境界。极虚指心灵一尘不染,近于真空。《周易》把这种境界叫做"洁静精微",叫做"洗心",就是要去除世俗的妄念杂欲。"笃"是敦厚,笃守就是坚守。"守静笃"就是要坚守静寂。动与静是互为因果的,自己静才能感知外界的动,自己动就无法感知外界的真实。孔子说:"人皆鉴于止水,而莫鉴于流水。"就是说,人都是到平静的水面上才能照见自己的像貌,没有人能在流动的水面上照见自己。心灵如水一样,静下来才能观照真实,观照真实才能入道。老子说"静为躁君"(二十六章),修道的人,要保持静是常态,动是变态,不是绝对地静,绝对地静谁也办不到,老和尚入定也有出定的时候。所以才要坚守,如果只静不动,那还坚守什么?只不过,在修道的时候要努力达到极端的静。

"万物并作,吾以观其复。""并"是一起。"作"是兴起,这里指生长。"万物并作"是说,万物都在生长变化,也就是都在运动。"复"是回到起点。《周易》里有个复卦,认为万物都在做周期性的运动,从起点发展到终点,从终点又返回到起点,周而复始。从终点返回到起点就是复,所以复是返回到本源的意思。句谓,万物都在蓬蓬勃勃地运动,无时不在变化,观察起来很困难,这怎么办,我要看看它的落脚点在哪里,落脚点就在复上,这就找到了本源。

"夫物芸芸,各复归其根。""芸芸"是众多的样子。"复归"是返回。句谓,这么多纷繁复杂的万物,但它们有一个共同点,就是都要返回到本源上来。这个"根",既是起点,也是终点。《庄子》称做"道枢"、"环中",抓住它就有了头绪,找不到它就只能盲动。

"归根曰静。"此句字面义是,返回到本根上来就叫做静;内含义是,能返回到本源上来才能做到静。万物都在不停地运动,谁能不让它运动?静是在万物的运动中找到落脚点,这才可能静。不是强制着静,那种静是根本不可能的。

"静曰复命。"此句字面义是,静下来才叫做返回了性命;内含义是,找到了本源的静,那才是返回了性命。性命是在运动中存在的,运动中的每个环节里都存在,你要想找到它的根,那就得先找到静的环节。

"复命曰常。"此句字面义是,返回到性命就叫做守常;内含义是,返回到性命才能守常。"曰"用如后面的"乃"。"常"的一般意思是永恒,在老子的书里除永恒之外还有普遍的意思,有时还指永恒普遍的道。这句话要告诉我们的是,返回到性命的本源,才可能守住普遍永恒的道。

"知常曰明。""明"是明智。句谓,懂得守住常道那才叫做明智。在老子的书里,"智"一般指的是智术,即在人生的奋斗中使用的制胜技巧,把认识世界的智慧叫做明。老子不是不要智慧,而是不要智术。因为老庄的书里智有了特殊含义,人们在翻译佛经时把智慧翻译成了明慧、慧照等,就是注意到了这一点。

"不知常妄,妄作凶。""妄"就是盲动,胡来。"作"就是动。句谓,不懂得守住常道就会盲动,盲动必然招致凶祸。

"知常容。""容"是包容,容纳。句谓,懂得守住常道才能心胸广阔,能容纳万物。知大道的人心胸不狭隘,因为大道本身就是包容万物的。

"容乃公。""乃"是副词,当"才能"讲。句谓,能包容万物那才能公道。公道不仅是没有私心,更主要的是不偏心,对万物一视同仁。

"公乃王。""王"指的是王道。句谓,没有偏私,照顾全面,这才是王道。这句话有的本子作"公乃全",也通,但意思有点重复,不如说成"公乃王"。这个"王"指的是王道,即做王的人的正确做法。这就讲到从政了。下一章全讲的是从政。王道与霸道相对而言,奉行王道是以天下为公,奉行霸道是以天下为私;奉行王道推行德政教化,奉行霸道推行法制武力。"公乃王"不是公道了就是大王,有的人理解错了,所以才改为"公乃全"。"公乃王"是说,公道了才有做王的素质,才能推行王道,这样的人才能做王。

"王乃天,天乃道。"句谓,王道才是天道,天道才是大道。王道是把天道用在了人类社会。用现在的话说,就是把自然哲学用在人类社会就是社会哲学。"天乃道"的"道"指大道,包括天道和人道。是说天道才是大道。用现在的话说就是,自然的哲学加上社会的哲学就是大道。

"道乃久,没身不殆。"句谓,修成大道才能永恒。"殆"主要指倦殆,引申为困难,有危险的意思,但不强烈。主要是说,修成大道才能终身受用无穷,不会出现困阻。

这里顺便说一下校勘问题。一般地说,《老子》的原文,如果出现了多种不同的版本,我只选择一种较为明确的说法,虽然这未必是真本,但也不去细究。如果影响了对老子思想的正确理解,即使说法明确,那也得辨别一下。比如这一章里的"公乃全",比"公乃王"虽然更通顺,更明确,但也只能割爱了。因为它冲击了老子的逻辑。《老子》第二十五章说:"故道大,天大,地大,王亦大,域中有四大,而王居其一焉。人法地,地法天,天法道,道法自然。"人道要合地道,地道要合天道,天道要合大道,大道要合自然。这里说"公乃王,王乃天,天乃道"其实就是说,公道才能合王道,王道才能合天道,天道才能合大道。改成"公乃全,全乃天"拦腰截断了逻辑顺序,这算是怎么一回事?这种本子就只好弃而不取了。

这一章说明自身的修道方法。

第十七章

太上,下知有之,其次亲之誉之,其次畏之,其次侮之。信不足有不信。犹兮其贵言,功成事遂,百姓皆谓我自然。

【译文】

最上等的统治者,百姓只知道有那么个人;次一等的统治者,百姓才会去热爱他,称颂他;再下一等的统治者,百姓才会害怕他。再下一等的统治者,百姓就会侮骂他。信用缺失了,才会出现不信任。慎重呵!少说为贵。大业成功了,事情办好了,百姓都说是民众自然而然办成的。

【讲疏】

这一章把统治者的优劣分为四个等级,虽然是从民众的反映上分的,但内含却是从怎样治国上说的。

"太上,下知有之。""太上"就是最上,这里指的是最上等、最好的统治者。因为与下文的"百姓"相对而言,只能是统治者。"下"指统治下的百姓。句谓,最好的统治者,老百姓仅仅知道上边有那么一个人。这一句与全章的最后一句前后呼应。

"其次亲之誉之。"句谓,次一等的统治者,才会得到百姓的热爱和称颂。"亲"是热爱,"誉"是称颂。因为开始有为了,被百姓感知到了。统治得比较好,所以才受到热爱称赞。这一级的统治者,只算是比较好,与最好的有了差距。

"其次畏之。"句谓,再差一等的统治者才会使百姓感到害怕。因为以法治人了,统治者的权力显示出来了。其实就是说,以法治国的统治者只能算是较差的统治者。

"其次侮之。""侮之"是侮骂他的意思。句谓,再差一等的统治者,就会受到百姓的侮骂。因为开始用阴谋诡计算计人了,给百姓造成了伤害。其实就是说,以智术治国的统治者只能算等而下之的统治者。

老子把统治者分为四等,但没有列入百姓要打倒的最坏统治者,显然不是不知道还有更差的,而是要比较治国之术。因为当时社会上公认的治国主张有四,一是用大道治国,二是用仁义治国,三是用法制治国,四是用智术治国。这四种治国之术人们很难区分优劣。在下一章里,老子说:"大道废有仁义,智慧出有大伪。"老子认为四种治国之术的优劣很清楚,四种治国之术是每况愈下。最上等的治国之术是用大道治国,大道缺失了才用仁义治国,总还算比较好的治国之术;仁义缺失了才用法制治国,这是比较差的治国方法;法制也缺失了才用智术治国,这是最差的治国方法。当然老子倡导的是大道治国。

"信不足有不信。"前一个"信"是名词主语,信用;后一个"信"是动词谓语,相信。王弼本作"信不足焉,有不信焉"。此句的字面义是说,信用不足了,才会出现百姓对统治者不信任。这是针对儒家倡导的以"仁义礼智信"治国说的。老子认为不信是从什么地方产生的?不信正是从信不足产生的。按大道去做,大家都守信,还提倡什么信,提倡信的本身就是一种信用的缺失。老子认为以信治国也是一种愚昧。

"犹兮其贵言。""犹"就是犹豫。第十五章说"豫兮若冬涉川,犹兮若畏四邻。"犹豫连用。王弼本作"悠"。碑本作"其犹贵言"。《释文》:"孙登、张恁、杜弼俱作'由'。""贵言"是以言为贵,即重视自己说的话,也就是要少说话的意思。那么可以推知,"犹"无论作"悠",还是作"由",都应该是慎重小心的意思。"犹兮"就是把握不定谨慎小心的样子。句谓,小心谨慎呵,少说为贵。这有两层意思,一是说话越多越不合大道,不要轻易地许诺或发号施令,瞎指挥,百姓自会按大道运动。二是少主张什么新的治国之术,治国之术越多,越离大道远。从根本上去讲,还是要大道治国。

"功成事遂,百姓皆谓我自然。""成"、"遂"互文,遂也是成的意思。"我"指百姓自己。"自然"意为自然而然。句谓,把大业办成了,把事情做好了,百姓都认为是自己自然办成的。"我自然"是个主谓结构,共同作"谓"的宾语。这就是第一句讲的"太上,下知有之"。百姓只知道上面有个统治者,但这个统治者实施的是无为而治,事功是百姓自发地干,自然地去做。这就是老子说的"万物将自化"。统治者按大道治国,百姓才能有顺乎自然的感觉。上不居功,功归于下,上下关系自然天成,如同是人和天的关系,大家都觉得这很正常,也就没有热爱不热爱,歌颂不歌颂的事情发生。天无时不在发挥作用,但没有人去热爱天、歌颂天、拥护天。如果百姓要热爱,又要拥护,那就失去了淳朴的自然关系。河上公把这一章标题为"淳风",就是指大道治国,民心淳朴。淳朴不失才是统治得最好,百姓才能把上下关系看成是天和人的自然关系。

这一章说明最好的治国之术是大道治国。

第十八章

大道废,有仁义;智慧出,有大伪;六亲不和,有孝慈;国家昏乱,有忠臣。

【译文】

大道丢失了,才出现了仁义;智慧出现了,才出现了大的伪诈;六亲不和了,才出现了孝子慈父;国家混乱了,才出现了忠臣义士。

【讲疏】

这一章是对上一章意思的进一步深化。

老子是从对立双方互为因果的辩证关系上做出了论证。老子认为,大道是浑然一体的,是对立双方的统一,不能分散,分散为一方,必然出现另一方。这是个不以人的意志为转移的铁的规律。

"大道废,有仁义。""废"是废弃,也就是丢失。"仁义"是当时被多数人拥护的治国之道。大家认为尧舜禹是圣人明君,治理得最好,推行的就是仁义治国,主张后世君王应当效法仁义之道。"仁"就是仁爱,"义"是合宜,即合情合理。老子认为,讲仁义必然要出现不仁义。在大道里无所谓仁义不仁义,所以才说"天地不仁,以万物为刍狗;圣人不仁,以百姓为刍狗"。只有当人们丢失了大道之后,这才出现了仁义。

魏源引李嘉谟说:"道散则降而生非,伪胜则反而贵道,降者道之微,反者衰之极也。方道之未散,仁义潜乎其中,不可分别指数,及其煦煦孑孑,而人以煦煦孑孑怀其德,则大道之公者散矣。"意思是说,大道被割裂之后,才下降为错乱;伪诈过分了,才回过头来重视大道。下降是大道的衰微,回过头来正是衰微到了极点。当大道没有被割裂的时候,仁义隐藏在大道里,分辨不出来。等到统治者亲亲热热、辛辛苦苦地去关心老百姓,老百姓也因为统治者亲亲热热、辛辛苦苦的关心而感激他的恩德,这时候大道的统一性就被割裂了。李嘉谟的理解很准确。

"智慧出,有大伪。""智慧"指的是智术,也是指治国之术。"大伪"就是大的伪诈。此句是针对春秋时期一些人主张的以智治国说的,意思是说,用仁义治国不行,用智术治国行不行呢?这也行不通,出现了用智术治国,更大的伪诈就产生了。庄子主张"大智不智",认为大智也潜藏在大道里,随道运行,你要是把它从大道里割裂出来,作为一种治国方略,那就成了小智,小智必然产生大伪。实际上是不明大道的愚蠢做法。庄子还举了个例子说,鸟还懂得高飞远遁,老鼠还懂得把洞打在社稷坛下,人还比不了鸟鼠吗?你想用智术算计百姓,百姓就会用智术对付你,结果就是越来越伪诈。常识就是如此,人们常说:"你对我不仁,我对你不义","你想算计我,我也算计你",大伪就是这么产生的。

这句话容易理解错的,是把老子说的"智慧"当成是现在人们所说的"智慧"。老子不是要批判智慧,也不是不要智慧,他说的"大智若愚",就是指大智是藏在大道里,不显出来,看起来像是愚钝的样子。他不仅要智慧,而且追求的是大智慧。他批判的是从大道里分裂出来的小智。

"六亲不和,有孝慈。""六亲"指父子、兄弟、夫妇。句谓,父子关系不正常了,才会出现孝子慈父。王弼说:"若六亲自和,国家自治,则孝慈忠臣不知其所在矣。鱼相忘于江湖之道,则相濡之道生也。"意思是说,如果六亲之间自然而然地和睦,国家自然而然地得到治理,那么孝子慈父、忠臣义士就不知道哪里有了。也是说,不正常了才会显现出孝慈忠臣。"鱼相忘于江湖"是《庄子》里的话,指干沟里的鱼没有水了,互相之间吐点湿气唾沫滋润滋润,互相关爱,这种关爱再好,也不如鱼在江湖里互不关心地去游。比喻用大道治国,根本用不着什么仁义。用得着仁义的时候,那就成了涸泽之鱼了。忠臣孝子也是如此,不正常了才会出现。

"国家昏乱,有忠臣。"此句说的就是统治者与人民的关系不正常了,才会出现忠臣。也就是说,无论治家还是治国,理顺正常关系才是正道,要理顺关系只有用大道治国。

这一章从理论上说明大道治国的合理性。

第十九章

绝圣弃智,民利百倍;绝仁弃义,民复孝慈;绝巧弃利,盗贼无有。此三者,以为文不足,故令之有所属。见素抱朴,少私寡欲。

【译文】

断绝圣明,扔掉智术,人民会得到百倍的利益。断绝仁爱,扔掉正义,人民就会恢复孝慈。断绝巧妙,扔掉便宜,就没有盗贼了。圣智,仁义,巧利这三种东西,作为文明教化不行,所以要让它们有所归属,显现纯素,持守质朴,少私寡欲。

【讲疏】

这一章说明推行大道的方法。

"绝圣弃智,民利百倍。""绝"是断绝。"弃"是扔掉。"圣"在老子的书里有两种不同的含义。在第二章里说"圣人处无为之事,行不言之教",这个圣人是老子提倡的推行大道的表率,圣指的是明道。这里又说"绝圣",显然这个圣不是明道的意思,而是指一般人心目中推行仁义的圣人,这个圣是合仁义的意思。这是因为一般人心目中的圣人和老子心目中的圣人本身的含义不同造成的。不加区别地混讲,那就不能准确把握老子的思想了。"智"就是前面讲过的智术。"绝圣弃智"是说,抛弃了人们认为的圣明,扔掉了人们认为的才智。

"民利百倍"是说,人民就会得到百倍的利益。这也不是夸张。鱼在江湖里自由自在地游,比起在涸泽之中相濡以沫,何止是好百倍!老子在第三十六章里也说:"鱼不可脱于渊。"人在大道之中如同是鱼在江湖里,在人们认为的圣智之中如同是涸泽之鱼。抛弃涸泽才能回归江湖。

"绝仁弃义,民复孝慈。""复"是回到。"孝慈"的含义也不同。上一章里说"六亲不和有孝慈",那个孝慈指的是人为的孝慈,这里的"孝慈"是天然的孝慈。也不能混着讲。老子认为仁义孝慈在自然的大道里是潜藏不显的,与大道是整体的,浑沌为一的,当它显露出来的时候,那就从大道中割裂出来,一割裂出来,不仁不义,不孝不慈就伴随着产生了。要解决这个问题没有别的办法,只能是让它再回到大道里去。所以才说,抛弃仁爱,扔掉正义,人们才能恢复天然的孝慈。《庄子·天运》篇里比较集中地讨论过这个问题。其中最耸人听闻的例子是,有一次"商大宰荡问仁于庄子,庄子曰:'虎狼,仁也。'曰:'何谓也?'庄子曰:'父子相亲,何为不仁?'曰:'请问至仁?'庄子曰:'至仁无亲。'"意思是说,商太宰荡问庄子什么是仁爱?庄子回答说"虎狼就是仁爱"。商大宰荡说:"这是指什么说的?"庄子回答说:"虎狼也是父子相亲,为什么不是仁爱?"太宰荡说:"什么是最大的仁爱?"庄子回答说:"最大的仁爱就是没有仁爱。"庄子讲的"至仁"就是回到大道里的仁,回到大道里的仁就不显形迹了,所以称做至仁无亲。正是在这个意义上,老子说"绝仁弃义,民复孝慈"。这个孝慈是天性的孝慈。

"绝巧弃利,盗贼无有。"句谓,抛弃了巧妙,扔掉了便宜,盗贼就消除了。这个"巧"指巧妙的办法,这个"利"指的是占便宜。这个"盗贼"指大贼和小贼。庄子也有阐述,他说"窃国者为诸侯"就是指大贼,"窃钩者诛"指的就是小毛贼。无论大贼和小贼,都是用巧妙的办法要占便宜，巧妙与便宜被断绝了，盗贼也就没有了。注意，老子也不是不要技巧和福利。老子倡导"大巧若拙"，他批判的是善于钻营的技巧；他倡导的是大利公利，"民利百倍"的利，批判的是自己占便宜的利。

"此三者，以为文不足。""三者"就是指上面说的圣智、仁义、巧利。"文"是文明教化，也就是作为一种教育人民的思想。"不足"是有缺点。句谓，要把这三种东西作为教育人民的思想不行，有害处。

"故令之有所属。""之"指代圣智、仁义、巧利三者。"之"字通行本原缺，据帛书本径补。"属"是归属。句谓，所以要让这三者有所归属，归属到哪里？当然是大道里。也就是说，还得让它们潜藏在大道里，不要显现出来。圣智、仁义、巧利都可分为两种，都是一分为二的，都是对立存在，提倡好的一面，就有坏的一面。把它们融入大道统一起来就没有这些弊端了。

以上几句最容易引起误解的是，认为老子对圣智、仁义、巧利深恶痛绝，要彻底铲除，老子在主张愚民政策，主张苦行僧主义等等，这就曲解了老子的意思。

"见素抱朴，少私寡欲。""见"是表现出。"抱"是持守。把圣智、仁义、巧利都潜藏在大道里，那么什么东西要显露于外呢？老子回答说："见素抱朴，少私寡欲。""素"、"朴"就是朴素。人要朴朴素素，真真实实，少私寡欲，不要贪心不足，这才是老子的主张。

第二十章

绝学无忧。唯之与阿,相去几何?善之与恶,相去何若?人之所畏,不可不畏,荒兮其未央哉。众人熙熙,如享太牢,如登春台。我独泊兮其未兆。沌沌兮,如婴儿之未孩。儽儽兮,若无所归。众人皆有余,而我独若遗。我愚人之心也哉!俗人昭昭,我独昏昏;俗人察察,我独闷闷。忽兮其若海,飘兮其若无所止。众人皆有以,我独顽似鄙。我独异于人,而贵食母。

【译文】
不要羡慕别人跟着去学,就没有人生的忧患了。人家顺从你与违拗你,能相差多远?人家说你好与说你坏,又相差多远?人家怕的事情,你也不得不跟着去怕,那怕的事情就海去了。大家都兴冲冲地如同享受盛宴,如同登台游春。我独自淡泊平静不动声色,浑浑沌沌,如同个还不会笑的婴儿。独自彷徨,好像是无家可归。大家都有余,我独自若不足,我就是个愚人的心思呵!俗人都明明白白,惟独我昏昏沉沉,俗人都精察明辨,惟独我胡里胡涂。恍恍惚惚如同漂浮在大海上,惚惚恍恍如同是无岸可靠。大家都有用,惟独我顽钝鄙陋。我自己与别人不同,只看重天性的滋养。

【讲疏】

这一章说明个人修道的方法。

前人对本章的讲解不仅是内容有争议,分章也争议很大。"绝学无忧"一句在河上公、王弼等本子里都属二十章,后人觉得这一句与上一章末的"见素抱朴、少私寡欲"内容联系紧密,于是把这句划归第十九章。显然对这一句的理解大不相同了。

"绝学无忧。"此句是这一章的论点,不能划归上一章。这句话中"绝学"是手段,"无忧"是目的,"绝学"是为了杜绝忧患。"绝"是弃绝,"学"指的是什么呢?不是指读书学习,老子的时代穷人也没有书可读,想学就得担囊负笈去拜师傅,这个学指的是俗学,即社会上流行的学问。在下文里老子一再提到"俗人"如何如何,就是不要学习俗人那一套。既要杜绝忧患,人的忧患是什么呢?人的忧患,老子认为最突出的就是对名的忧患,对利的忧患,就是老子在下文里讲的对"昭昭"、"察察"、"有余"等的追求。要用现代的话说,老子这里说的"学"指的是对俗人的一种仿效。"绝学"是说不要羡慕别人跟着去模仿的意思。根本不是指要抛弃研究学问。抛弃学问,老子还写《道德经》干什么?很多人硬说老子反对研究学问,提倡愚民政策,这是在歪曲老子,这种讲法不如不讲。《庄子·缮性》对这层意思有较充分的说明:"缮性于俗学,以求复其初;滑欲于俗思,以求致其明,谓之蔽蒙之民。"意思是说,在世俗的学问中修养成的心性,想再用世俗的学问,期求回复天性;被世俗的思想扰乱了的欲望,想再用世俗思想,找回本来的清明,这叫做蒙蔽糊涂的人。显然是说俗学对人有害无益,要学就得去学真学。可见老子不是笼统地反对学问,反而是在提倡学习真正的学问,不让人们受俗学的蒙蔽,他认为自己的《道德经》就是真正的大学问,所以写出来以正视听。

魏源对这一章讲得比较准确。他说:"上章言治国之道,惟绝圣智巧利,则无弊,所以言无为之用;此章言修己之道,惟绝世俗末学,则无忧,所以明无欲之体也。"意思是说,上一章讲的是治国之道,只有抛弃了圣智巧利,就没有治国之弊了,那讲的是怎样用"无为"去治国。这一章讲的是个人修身之道,只有抛弃了世俗末学就没有忧患了,这讲的是怎样用"无欲"去修身。显然,把"绝学无忧"一句划归十九章是没有读明白老子的意思。

"唯之与阿,相去几何?""唯"是表示顺从的应答之辞,即同意按你的意思去做。"阿",相当于呵斥,是表示反对的应答之辞。刘师培先生说:"阿当作诃。《说文》'诃,大言而怒也。'"这样讲有道理,符合下文的句式。"诃"今作呵。这里与"唯"对举,指的是违拗不从,即反对按你的意思去做。句谓,同意你或反对你,这能相差多少?它的含义是指,人们太重视名声了,总是愿意别人同意自己的意见,其实别人也未必说的对,同意也罢,反对也罢,那也不过是他的一种看法,对于认识真理来讲,这又能差多少,何必在乎他同意呢还是反对呢?

"善之与恶,相去何若?"与上句的结构相同,"善"是好,"恶"是坏。有的本子"善"作"美"。"善之与恶",放在这个语言环境里,应该理解成"善之与恶之",与上文的"唯之与阿之"意思并列。讲成善与恶,与上下文脱节。句谓,说你好与说你坏,这又能相差多少?这句话的含义可按上一句去类推。

以上两句误解得比较多,我们翻译一段《庄子·齐物论》的话看一看。庄子在《齐物论》里说:"比如我们两个人在这里辩论,你辩倒了我,我输给你了,那么真的就是你说的对了,我说的错了吗?或者是我辩倒了你,你输给我了,那么真的就是我说的对了,你说的错了吗?或者是有的地方我对了你错了,有的地方你对了我错了吗?或者是你全对了,我全错了吗?我们两个人都不可能互相了解,每个人都有它自己的局限性。那么我们让谁来作出评判呢?让观点和你相同的人来评判,他已经跟你观点相同了,怎么可能作出正确评判呢?让观点和我相同的人来评判,他已经与我观点相同了,怎么能作出正确评判?让与你我观点都不同的人来评判,他已经与你我的观点不同了,怎么能作出正确评判?让与你我观点都相同的人来评判,他已经与你我的观点相同了,又怎么能作出正确评判?这样看来,我和你和别人,都不能相互了解,那还有必要让别人来评判吗?"庄子就是要通过逻辑推理来说明不要太在乎外界的看法。那些看法也只不过是一己之见,听不听都可以,更何况是跟着他学呢?

"人之所畏,不可不畏,荒兮其未央哉。"这一句要连起来读,造成误解的原因就是把它拆开各自当成一个意思。"畏"是害怕。"不可"是不得。"荒"是远。"未央"是没有边界。说的也是不能跟着俗人跑,所以下文才一再讲"我独"如何如何。这句话的意思是告诉我们,人家怕的事情,你也不得不跟着怕,那你怕的事情可就无边无沿了。"畏"就是第一句说的"无忧"的忧,是要消除的内容。老子的上下文很清楚。很多本子把这句话孤立地讲成人们害怕的事情,不可不心存畏惧。这就与老子的意思不合了。老子让人无忧。有忧是因为有畏,有畏还怎么无忧?"无忧"就是要"去畏",根本不是要人们怕该怕的事情。在老子的心目中没有什么可怕的事情,人所以要怕是因为多欲,有欲望才会有忧患,有惧怕。没有欲望还有什么忧患,还有什么好怕?"无欲则刚"连常人都知道,老子这样淡泊名利的思想家怎么会让人去怕该怕的事情?

下面就是讲俗人在欲望的驱动下争名夺利的丑态。

"众人熙熙,如享太牢,如登春台。"这三个短句与"人之所畏,不可不畏,荒兮其未央"三个短句是排比句式,也要连在一起读。"熙熙"是兴冲冲地热闹,即喜乐的样子。"太牢"在这里指的是盛宴。古代祭祀,牛羊猪三牲俱全叫太牢,没有牛只有羊猪两牲叫少牢。太牢肉最多,祭祀过后肉就可以吃了。这里的太牢相当于盛宴。"享"就是指去吃,享口福。"春台"是游春时登眺的台榭。句谓,世俗之人在欲望的驱动下争名逐利,兴冲冲、闹嚷嚷地如同去赴盛宴,如同是登上台榭去眺望游春一般,乐此不疲。你要想劝他不要争名逐利,没人会理你。所以下文说"我独泊兮其未兆"。

"我独泊兮其未兆。""泊"一本作"怕",泊字确切。"泊"是淡泊不动心。"兆"是事情发生前的征兆。"未兆"是没有征兆,指的是不露征兆。句谓,只有我自己淡泊名利,连追逐名利的征兆也没有。注意,这个"我"不仅是指老子自己说的,也是针对修道的人说的。"我"是自己,自己要这样去做,下面的我也要去这样理解,不然又拐到老子在自我表现上去了。

"沌沌兮,如婴儿之未孩。""沌沌"是浑浑沌沌一体不分的样子,即浑沌无知的样子。"孩",《释文》作"咳",《说文》:"咳:小儿笑也,从口,亥声。孩,古文咳,从子。""未孩"是小儿还不会笑。不是不笑,是还没学会笑,无知无识的天真。句谓,我浑浑沌沌,如同是个还不会笑的婴儿,天真未凿。

"儡儡兮,若无所归。""儡儡(léi)",河上公本作"乘乘",不明确。"儡儡"同累累,与"累累如丧家之犬"的累累意同,是无家可归的样子。句谓,独自彷徨如同是无家可归。在别人看来像是有点失落的样子,当然自己并不觉得落魄。这是告诉人们,修道之人就得甘心落魄,不慕荣华地位。

"众人皆有余,而我独若遗。""余"是有余,生活富裕。"遗"与"余"对举指的是不足。句谓,众人都有余钱剩米,惟独我吃穿不足。这是告诉人们,修道之人耐得住贫寒,不贪图利禄。

"我愚人之心也哉!"句谓,我像个人们认为的愚人那样的心思吧!老子当然讲的是大智若愚的愚。下面就讲愚人的表现。

"俗人昭昭,我独昏昏;俗人察察,我独闷闷。""昭昭"是明白的样子。"昏昏"是昏昧的样子。"察察"是察察之明,指人对利害关系的明察细辨。"闷闷"与"察察"对举,指的就是对利害关系胡里胡涂。句谓,俗人都明明白白,惟独我昏昏沉沉;俗人都很精明,对每一小点便宜都看得清清楚楚,惟独我胡里胡涂,什么便宜也不知道去占。这是告诉人们,修道的人不贪图便宜,世界上没有便宜可占。这在俗人的眼里,当然就是个大傻瓜了。

"忽兮其若海,飘兮其若无所止。""海"一般本子作"晦","海"与"飘兮其若无所止"较为衔接,据河上公本改"晦"为"海"。句谓,恍恍惚惚如同是漂浮在大海上,飘飘荡荡如同是无岸可止。这是指修道之人的思想境界,如同神游于世外,与世俗的想法一点也不沾边。苏轼在《赤壁赋》里说:"纵一苇之所如,凌万顷之茫然。浩浩乎如冯虚御风,而不知其所止;飘飘乎如遗世独立,羽化而登仙。"说的就是这种超越红尘的感觉。这是在告诉人们,修道的人不贪恋红尘,要进入遗世独立的境界。

"众人皆有以,我独顽似鄙。""有以"是有用,引申为有所作为。当然指的是世人认为的有所作为,什么功成名就呵,什么高官厚禄名利双收呵等等。"顽"是冥顽不灵,迟钝的意思。"鄙"是鄙陋、拙笨的意思。句谓,众人都碌碌追求,有个明确的奋斗目标,要成就一番功业,惟独我无所追求,像个既迟钝,又拙劣的笨蛋。这是在告诉人们,修道之人要抛弃世俗的追求,不能跟着俗人去学,不要贪图功名。

"我独异于人,而贵食母。""母"指的是得之于大道的天性。老子认为人都是从大道里分化出来的,大道所赋予人的天性,那才是真正可靠的东西,这是万万不能丢的。所以前人把"母"说成是大道。大道是母体,在第二十五章里老子也说大道"可以为天地母"。"食"是吃,这里指滋养。句谓,只有我与众人不同,我只看重大道给予我的滋养。当然这主要指的是精神上的滋养。

　　以上几句，屡屡举出了我与俗人的不同，可以看到，老子讲的"绝学"，指的是要放弃对俗人做法的仿效，就是要抛弃多欲引起的对名利的追求，实际就是告诉人们，人学道的方法就是抛弃欲望与名利，保持天性。一落俗套到处都是忧患畏苦，跳出俗套就获得自由了。这就叫做"绝学无忧"。千万不能以老子为借口放弃学习，真的去当愚人，那就误入歧途了。不但学不成大道，连小道也没你的份儿了。

　　这一章描写得道的人与俗人的不同。

第二十一章

孔德之容,惟道是从。道之为物,惟恍惟惚。惚兮恍兮,其中有象;恍兮惚兮,其中有物;窈兮冥兮,其中有精。其精甚真,其中有信。自古及今,其名不去,以阅众甫。吾何以知众甫之状哉?以此。

【译文】

伟大的道德只遵循大道。大道的存在,恍恍惚惚。它在惚惚恍恍之中确实有形象;它在恍恍惚惚之中,确实有个东西存在。就是在这种模模糊糊之中,有精气存在,而且这种精气非常真实。在这种模模糊糊之中确实有可以信验的规律存在。从古到今,大道的本体一直存在,可以用它来看待众物。我所以能够知道众物会是这样,就是靠这个大道。

【讲疏】

这一章重点把握一下德的含义。

"孔德之容,惟道是从。""孔"是大,可理解为盛大、伟大。"德"是《老子》书中很重要的一个概念,要对它有个深透的了解。前人讲:"德者,得也。""得之于道谓之德。"这是一种声训。意思是说,德与得音义并通,音是义的载体,正因为读音相同,所以它们的意义也相同。人从大道里得到的东西叫做德。这个讲法现代人理解起来抽象一些，出了分歧，我们把它说实一些，以便准确把握。道指大道，大道有多重含义，可参见第一章的说明。这里的道指的是大道的本体。大道的本体是一种客观的存在，它在宇宙里无形无象地运行，人都是从大道中运化、裂变出来。这样，每个人身上都有大道的成分。这些成分就是德。道与德是一回事。区别开来说，道的本体指的是宇宙存在的道，德的本体指的是人身上具有的道。换句话说就是，外在客观上的道就是道，人身上的道就是德，这个"德"现代人称做道德。老子在使用德的时候含义也不尽相同。有时指人道德的外在体现，现代人称做品德。有时指与生俱来的品性，现代人称做德性。有时指在德指导下的行为，现代人称做德行。因为在老子那个时代，"德"在语言上还没有这样分化，所以他只好混用一个"德"字。我们读的时候就要区别开他的具体所指。这里的"德"，指的是道德。"容"指的是面貌，样子。"孔德之容"是说，伟大道德的样子。"惟道是从"是说，只遵循大道。"惟道是从"是古汉语的特殊句法，用代词"是"复指宾语提前的句法结构，意思是"惟从道"，"从"是遵循，也就是说，只与大道保持一致。确切地讲就是，伟大的道德是与大道始终保持一致的。

"道之为物。"此句直译的话就是，道作为一种东西。这个"物"也得说明一下。在第十四章里，老子说："一者，其上不皦，其下不昧，绳绳兮不可名，复归于无物。是谓无状之状，无物之象，是谓惚恍。"说的是道不是物，无形无象，也不能准确地叫它是什么。这里又说它是"物"，又说它"有象"、"有物"、"其名不去"，这显然是矛盾的。那么老子说的道究竟是物不是物呢？可以肯定地回答：道不是物。不是物为什么说它是物？是因为没有办法说清楚才不得已这样说的。为什么没法说清楚？因为道是不同于任何物的存在，而人只会理解物的存在，只好把它比拟成一种物，来说明它的存在。这是老子传道不得已的一种说法。理解起来要注意，说它是有物、有象等都是一种便于人们认识的比拟。不能理解成道是物,更不能说老子是唯物主义者。一定要说他是什么主义者的话,老子是一元论的唯道主义者。

"惟恍惟惚。"恍惚,就是恍恍惚惚,似有似无,看着模模糊糊不清楚。句谓,道这个东西,就是个恍恍惚惚的存在。

"惚兮恍兮,其中有象。"句谓,惚惚恍恍之中确实有形象的存在。意思是说,不能因为它恍恍惚惚,就认为它不存在。眼睛看不见,你可以在心里去体认它的存在,体认它的形象,它确实有。

"恍兮惚兮,其中有物。"句谓,恍恍惚惚之中确实有东西存在。这也是告诉人们,看不见,摸不着,它也存在,你可以在心里去体认它的存在,体认这个道,它确实有。

"窈兮冥兮,其中有精。""窈"是虚远微茫,"冥"是又深又暗,都是指不易发现。"精"是精气、精华。句谓,在幽暗虚微之中,确实有精气存在。这一句可以按上面两句去类推。道不仅可以虚拟为形象、物质,还可以虚拟为精气去体认。这样就理解它的存在了。

"其精甚真,其中有信。"句谓,道作为一种精气的存在是非常真切的。"其中有信"是说,真切之中非常有信验。"信"是信验,即可以得到证明的。怎样证明?可以从大道运行的规律中去证明。没有大道怎么会有运行规律?

老子一口咬定说大道存在,并告诉人们对它的体认方法,是让人们去感知大道的本体。有人说老子是不是有特异功能,他说得如此肯定,想必是别人见不着,老子见着了。这种说法意义就不大了。老子的目的是传道,他要把自己感知的道讲给大家。一般人是没有特异功能的,老子即使有,他也不会让人用特异功能去认识大道,所以理解为老子是用心灵的感悟说出这些的,这样通达合理一些。

"自古及今,其名不去。""名"指的是大道的本体,"名"是物的代号,物是名的实体。称"其名"就是指那个本体。因为"大道"这个名称不能全部包含本体的内容,所以老子才讲"其名"。"去"是离开。句谓,从古到今,大道的本体一直存在。

"以阅众甫。""阅"就是看。"甫"就是物,前人把这个字讲得有点乱。影响大的有两说,一是说"甫"当始讲,"甫"作副词用才有始的意义,确切点说是当刚刚讲。比如说"甫始"是刚开始的意思。"众甫"的甫,前面带着定语"众",那显然是名词用法,如果讲成"始"是动词用法,没有哪一种用例可以证明"甫"作名词或动词用时可以当始讲。另一种说法是"甫"当众讲,这显然是把"众"与"甫"当成是同义并列合成词了。这在《老子》的书里不可能。老子的这段话因为是韵文,韵脚上不能重复太多,前面已用了两个"物"字,这里再用"物"字,重复太多,故换言"甫",不过是换词避复。其实"众甫"就是众物。从音理上去说,物和甫的发音部位在现代的读音里"甫"是唇齿,"物"是双唇,仅有这么一点差别,韵也基本相同,更何况上古的时候唇齿音还没有分化出来,甫与物没有任何通假的障碍,说两字通假完全合情合理。句谓,用大道的本体去看众物。是让人们懂得要用大道去观察万事万物,否则就眼花缭乱什么也看不清了。

"吾何以知众甫之状哉?以此。""状"指的是现状。"此"指的是大道的本体。句谓,我怎么知道万物为什么会成为现在的状态呢?就是用大道去观察的。这是老子用自己的经验告诉人们,用大道观察万物,才可能认识万物。不然的话,对万物只能作浅表性的认识。

这一章进一步说明大道的本体,强调认识大道的重要性。

第二十二章

曲则全,枉则直,洼则盈,敝则新,少则得,多则惑。是以圣人抱一为天下式。不自见,故明;不自是,故彰;不自伐,故有功;不自矜,故长。夫唯不争,故天下莫能与之争。古所谓曲则全者,岂虚言哉?诚全而归之。

【译文】

委曲才能保全,弯曲才能直进,低洼才能满盈,陈旧才能变新,追求得少才能得到,追求得多反而迷乱。因此圣人总是让对立的双方抱合为一,作为天下的法式。不自我表现,所以才能显露;不自以为是,所以才明白道理;不自我吹嘘,所以才有功劳;不自高自大,所以才能为人之长。正是因为不与人争,所以天下没有人能与他争。古人讲的"委曲才能保全"的说法,难道是没用的空话吗?确实能得到保全。

【讲疏】

这一章争议不大,只要说准确一点就可以了。

"曲则全。""曲"指的是委曲,委曲指的是能拐弯,与现在讲的受委屈不完全相同,意义上更宽泛一些。句谓,委曲才能保全。是说,一味地直来直去必受伤害,能顺势宛转才能保全。事物都是这样,一棵幼苗长在石头下,绕开石头才能长出来,一直往上顶就死在下边了。

"枉则直。""枉"是弯曲。句谓,弯曲才能直进。这也是普遍规律,一颗炮弹打出去,走弧线才能直击目标,更何况是人呢?

"洼则盈。""洼"是低洼。句谓,低洼了才能满盈。地势不低洼,水就流过去了,连浅也办不到,更何况是满盈?

"敝则新。""敝"是破旧。句谓,旧了才能新。没有旧哪来的新?新都是从旧体上滋生的。

"少则得,多则惑。"句谓,贪多不得,追求得少才能得到,追求得多了,反而会迷乱而无所得。一个人又要权,又要钱,又要房子,又要车,又要学位,又要职称,又要贡献,又要好名声等等,结果什么也得不着。这就是"多则惑","惑"是迷惑,自己目标都迷惑了。事情总得一样一样地去办才能办成,就是"少则得"。

"是以圣人抱一为天下式。""抱一"是抱合为一,指把对立双方合为一体。"式"是法式。这一句是对上面曲与全、枉与直、洼与盈、旧与新、少与多等的总括,万事万物都是对立地存在,对立双方相互依存,割裂开来不行。正因为如此,明大道的圣人才把对立双方整合起来当成一个统一体去处理,作为天下的法式。这个法式就是处理问题的样板。

"不自见,故明。""自见"是自我表现。"明"是显露出来。句谓,不自己显露才能显露。

"不自是,故彰。""是"是对的、正确的意思。"彰"是明理。句谓,不自以为是才能明理。

"不自伐,故有功。""伐"是夸耀,"功"是功劳。句谓,自己不吹嘘,人家才会认为你有功劳。

"不自矜,故长。""矜"是骄傲自大。"长"是大家以你为长。句谓,不自高自大,大家才愿意听你的,让你为长。

"夫唯不争,故天下莫能与之争。"此句是对"不自见"、"不自是"、"不自伐"、"不自矜"的总括,意思是说,这些例子足以说明,自己去争就都争丢了,自己不争反而都有了。可见,正是因为不争,所以天下没有哪个人能与你争。

"古所谓曲则全者,岂虚言哉?"句谓,古代人所讲的"委曲才能保全"的说法,难道是无用的空话吗?

"诚全而归之。""诚"是确确实实。"全"是保全。"归之"是得到。句谓,确确实实能够得到保全。

这一章的"抱一"与"诚全而归之"有不同说法,但老子自己的逻辑线索很清楚。旁推曲求,生拉硬扯没必要。

这一章说明大道不争而得的法则。

第二十三章

希言自然。飘风不终朝,骤雨不终日。孰为此者？天地。天地尚不能久,而况于人乎？故从事于道者,道者同于道,德者同于德,失者同于失。同于道者,道亦乐得之;同于德者,德亦乐得之;同于失者,失亦乐得之。信不足焉,有不信焉。

【译文】

少言寡语合乎自然。疾风刮不了一早晨,骤雨下不了一整天。谁能刮风下雨？天地才能刮风下雨。天地都不能使它长久,更何况是人呢？所以学习大道的人,有道的与大道相同,有德的与道德相同,缺失的与缺失的道德相同。与大道相同的人,大道也乐于得到他;与道德相同的人,道德也乐于得到他;与缺失道德相同,缺失的道德也乐于得到他。诚信不足了,才会产生不信任。

【讲疏】

这一章的难点主要是"失"的概念。现代汉语里没有一个与它对应的词。大致相当于缺德,但不含贬意。

"希言自然。""希"用如稀,稀少的意思。"自然"是天道自然的意思。句谓,少言寡语合乎天道自然。也就是说,天道自然就是少说话。老子在第二章里提出"行不言之教",第五章里提出"多言数穷",

前后发明。"希言"就是少言寡语。"自然"用现代的话说是符合客观天道。客观不说话。"言者,意也。"一说话就有主观见解,难免与客观不合,所以要少说话。这种见解不仅老子有,孔子也有,《论语·阳货》:"予欲无言,子贡曰:'子如不言,则小子何述焉?'子曰:'天何言哉,四时行焉,百物生焉,天何言哉?'"意思是说,孔子说:"我想不说话。"子贡说:"先生不说话,我们还怎么传述先生的思想?"孔子说:"天说过什么话,春夏秋冬照常运行,万物都自然生长,天说过什么话?"孔子的意思就是说,我的思想就是主观符合客观天道,客观天道有规律存在,何必我说呢? 天地从来不说话,照它的客观运行去认识就行了,说出来反而容易走样。在《易·系辞》里说:"默而成之,不言而信,存乎德行。"意思是说,不说话,用你的德性去证明。天就是这么做的。

"飘风不终朝,骤雨不终日。""飘风"是暴风,疾风。"终"是到底。"朝"是早晨。句谓,暴风刮不了一个早晨,骤雨下不了一天。暴风骤雨时间都很短,就那么一会儿。

"孰为此者? 天地。"句谓,谁在刮风下雨? 是天地。"此"指暴风骤雨。

"天地尚不能久,而况于人乎。"句谓,狂暴、猛烈、急骤等这种极端的行为,天地也坚持不了多久,更何况是人呢? 也就是说,过分的行为不合天的常道。

"故从事于道者。""从事"是做哪方面的事。句谓,学习大道的人。也就是说,在立志于修道的人中。下面说可能出现三种类型。

"道者同于道,德者同于德,失者同于失。"句谓,有道的人与大道相同,有德的人与道德相同,有缺失的人与缺失的道德相同。道与德在前面已讲过,知道它的具体所指就可以理解正确了。"失"在这里与"道"、"德"是并列关系。道是客观存在的大道,德是人身上所有的道,"失"指的是人身上所缺失的道,老子这里是把失作为与"德"相对的概念使用的,与"德"同样是个术语。现代汉语里没有与它对应的词,只好讲成是缺失,但缺失是一般用语,老子说的是术语,指的是缺失道那种类型的本体。俞樾觉得这句话不顺,把它改成"天"字,变成"天者同于天",但现在还没有一种本子证明可以这样改。这是一种"仁者见仁、智者见智"的做法,不如姑仍其旧。

"同于道者,道亦乐得之;同于德者,德亦乐得之;同于失者,失亦乐得之。""得"是得到。句谓,与大道相同的人,大道也乐于得到他;与道德相同的人,道德也乐于得到他;与失道相同的人,失道也乐于得到他。要是换从人的角度去说,就是大道、道德、失道,也乐于跟随着他。

以上几句是在说明,人与大道、道德、失道之间是一种协振共动的关系,前人称做玄同。修道的人要明白这种原理,不能自立于大道之外,要让自己的言行保持与大道一致,协振共动才能学到大道。

"信不足焉,有不信焉。""信"是诚信。"不信"是不相信。字面上是说,诚信不足,才产生了不信任。这里指的是人与大道的关系。既然人与大道之间是一种协振共动的关系,人要是对大道没有诚信,大道对人也就没有诚信了。也是不能自立于大道之外的意思。

这一章说明,暴起暴落相互依存的道理,及大道与人协振共动的关系。

第二十四章

企者不立,跨者不行,自见者不明,自是者不彰,自伐者无功,自矜者不长。其在道也,曰余食赘行。物或恶之,故有道者不处。

【译文】

踮起脚跟站不稳,叉开两腿不能走,自我表现不能显露,自以为是不能明理,自吹自擂没有功劳,自高自大不能为长。对于大道来说,这都是余弃的食物,多余的行为。万物都讨厌,所以有道的人不这样做。

【讲疏】

这一章前人讲得较正确,只有一个"跨"字讲得不确切。

"企者不立,跨者不行。""企"河上公本作"跂",《庄子》用"跂",两字义同,都指的是用脚尖站立,踮起脚后跟用脚尖站立是想站高一点。但这只能坚持一会儿,站不久。"跨"不是跨越,是两腿左右分开站立。《庄子·秋水》说井底之蛙"跨跱陷井",就是指分腿占据。分腿站立是想霸占的地盘大一点,但只能占左右,前后占不着了。"跨者不行"是说,分腿站立想占得地方大点,但迈不开步走不了了,前面占不着了。老子举这两个例子是要说明得与失的关系,证明想得不得反而有失的道理。

"自见者不明,自是者不彰,自伐者无功,自矜者不长。"这四句在第二十二章里是这样说的:"不自见故明,不自是故彰,不自伐故有功,不自矜故长。"两种说法,一个是从正面说,一个是从反面说,意思相同。注意一下,"明"是显露。"自见者不明",用通俗的话说就是,自己争着出头露面,出不了头,露不了面。"彰"是明的意思。"自是者不彰",用通俗的话说就是,老是自认为正确的不能正确,只知道自己懂得的那一点,就不明了。"无功"是大家认为你没功劳。"自伐者无功",用通俗的话说就是,越是自吹自擂,人家越认为你没什么贡献。"不长"是大家不会推认你为长。"自矜者不长",用通俗的话说就是,越是自高自大想出人头地,越是当不了官长。在第二十二章里,老子是要说明争与不争的微妙关系。在这一章里,老子是要说明得与失的微妙关系。内容相同,要说明的重点不同。

"其在道也,曰余食赘行。""其"指的是自是、自见、自伐、自矜的行为。"在道"现代汉语说成"对于道"。"在"、"对于"都是介词,现代汉语介词的分工细一些。这句话的意思是说,这些对于大道来说。"曰"是叫做、当成。"余食"是扔掉的剩饭,"赘"是赘疣,人身上长的肉赘肉瘤。"赘行"是多余的行为。这都是无用有害的东西,意思是说,修大道的人把这些东西当成是扔掉的剩饭,赘疣一样无用有害的行为。

"物或恶之。""或"是有人,"恶"是讨厌。句谓,万物之中有人会深恶痛绝它。其实是大家都会讨厌它。

"故有道者不处。""处"是按这种行为做,"不处"是不会这样做。句谓,所以有道的人不会照这样去做。

这一章说明修道的人不能自见、自是、自伐、自矜。

第二十五章

有物混成,先天地生。寂兮寥兮,独立而不改,周行而不殆,可以为天下母。吾不知其名,字之曰道,强为之名曰大。大曰逝,逝曰远,远曰反。故道大,天大,地大,王亦大。域中有四大,而王居其一焉。人法地,地法天,天法道,道法自然。

【译文】

有一个东西浑然一体,在天地出现之前就有。无声无形,独立存在永不改变,普遍运行而不衰败,可以把它当成是产生天地万物的母亲,我不知道它的名称,把它叫做道。勉强地起个名字叫做大。大意味着运行,运行意味着广远,广远意味着循环往复。所以说道大,天大,地大,君王也大。宇宙里有四大,君王居其中之一。人效法地,地效法天,天效法道,道效法自身的样子。

【讲疏】

这一章的难点是"道法自然"。

"有物混成。""混"指的是浑然一体不分开的样子。"物"是比拟的说法,其实不是物,是指大道。天地还没有,哪儿会有物?句谓,有那么一个东西浑然一体地存在。

"先天地生。"句谓,在天地产生之前就有。老子认为道生天地,天地生万物。

"寂兮寥兮。""寂"是静寂无声,"寥"是无形无象,即第十四章说的"视之不见曰夷,听之不闻曰希"。句谓,它是无声无象的一种存在。

"独立而不改。"此句字面义是"独立不变"。"独立"指它的惟一性,是说它是在天地产生之前惟一的存在。"不改"是指它的运行规律不变,不是指大道不运行。

"周行而不殆。""周"是周遍。"殆"是倦殆,衰败。句谓,它普遍运行无所不至,其大无外,其小无内,而且永不衰败地运行下去。

"可以为天下母。"句谓,它化生万物,是天下所有东西的母体。即,万物的本源是大道。

"吾不知其名,字之曰道。""名"是名称,"字"是古人在名字之外另起的号,平常人们互相之间只称呼字,不称呼名,只有长辈才可以直呼其名。"字"是称呼的意思。句谓,我不知道它的名字,称呼它叫道吧。"道"是万物所由的意思,即万物的来路,本源。其实道这个名字在老子之前早就有了,老子认为这个名字,概括不了道的内涵,才这样进行辨别。

"强为之名曰大。""强"是勉强。句谓,勉强地给他起个名称叫做大。大也不能完全概括道的内涵,只能勉强地这么叫。那么道的内涵还有些什么呢?

"大曰逝,逝曰远,远曰反。""曰"的字面义是叫做。这里要说的是道的内涵,"曰"就成了还包括,还意味着,还有等的意思。"逝"的字面义是流逝,这里指的是运动。"远"是广远。"反"的字面义是返回,这里指的是循环往复。句谓,叫它是大还包含着运动的意思,叫它运动还包含着广远的意思,叫它广远还包含着循环往复的意思。在这里,老子把大道的内涵的主要方面介绍完了。道的内涵有万物之源、其大无外、运动不息、广远无边、循环往复。

"故道大,天大,地大,王亦大。"句谓,所以说道大,天大,地大,君王也大。道大已如上说,天大、地大人们都知道。"王也大"不是指个头大,是指君王管得物多,统治的地盘大,君王的功能大。

"域中有四大,而王居其一焉。""域中"用现代的概念说就是宇宙之内,这几句话的字面义是宇宙里有四大,君王是四大之一。它的内涵是,道、天、地都大,人是做不到了。君王之大,人可以做到。要重视君王如何才能实现自己的大,即如何才能实现君王大的功能。

"人法地,地法天,天法道,道法自然。""法"是效法。"自然"是自身的本来样子。不是"道"之上还有一个自然。这很清楚,道之上如果还有个自然,老子就会说成"域中有五大",他说了"域中有四大","自然"当然不在其中。正确理解这句话,人要效法地,地要效法天,天要效法大道,大道要效法自身的样子。

以上老子要说的是,道是宇宙的本体,万物的本源,是绝对永恒的存在,万物的法则主宰,它按自身的样子自由运动。

在第一、四、十四、二十一章里都谈到了道的本体,可以结合起来去理解。

这一章进一步说明大道的本体,指出大道是万物的法则。

第二十六章

重为轻根,静为躁君。是以圣人终日行不离辎重。虽有荣观,燕处超然。奈何万乘之主,而以身轻天下?轻则失本,躁则失君。

【译文】

重是轻的根本,静是动的主宰。因此圣人成天出行不离开所需的车马随从。虽然有受人瞻仰的光荣,但安然处之并不在乎这些东西。为什么一个大国的君主要把天下看得比自己还轻呢?看轻了天下就失去了根本,轻举妄动就失去了主宰。

【讲疏】

本章的疑难处注意两点:一是"荣观",一是"辎重",与辎重相关的还有"圣人"。

"重为轻根,静为躁君。""根"是根本,下文有"轻则失本"。"躁"是浮躁,因为与静对举,可以证明是浮躁而动、轻举妄动的意思。"君"是主宰者。句谓,重是轻的根本,静是动的主宰。从这两句话中我们可以知道,事物都是作为对立双方并存的,但对立双方还有一层主与从的关系,不能一概地等量齐观。这与我们说的对立双方总是有一方为主要方面,另一方为次要方面很接近,所以在处理二者的关系时,就应当抓住矛盾的主要方面。

"是以圣人终日行不离辎重。""辎(zī)重"是军队出动所带的器材装备和军需物质,用在这里是指车马随从,因为是圣人的辎重。"圣人"与下文的"万乘之主"语义相关,这里指的是有统治权的圣人,不是一般的圣人,注意它的语境义。句谓,因此,有统治权的圣人成天出行时要带上车马随从。带上车马随从不仅是供给方便,还有得到护卫、举止隆重的意思。这是与举止不浮躁对比着说的。

"虽有荣观,燕处超然。""荣观"指的是被人瞻仰的光荣,不是什么宫阙台观。《周易·观卦》的"观"就是看的意思。从上向下看相当于视察,从下往上看相当于瞻仰。圣人出行带着车马仪仗,前呼后拥,八面威风,受到人们瞻仰,是一种荣耀,这就是"荣观"。"燕处"是平常安处。"超然"是不当一回事,不在意的样子。句谓,虽然有被人瞻仰的荣耀,但圣人对这种荣耀坦然面对,满不在乎。燕处、超然都是形容圣人把荣耀看得很淡。指出圣人是重视言行的隆重庄重,而不是对荣耀的看重。

"奈何万乘之主,而以身轻天下?"这个"万乘之主"是指有圣人的地位但却没有圣人之道的君主,万乘指大国。"以身轻天下"是把天下看得比自身还轻。句谓,为什么万乘大国的君主把天下看得比自身还轻?显然老子主张天下重于自身,在第十三章里老子说:"贵以身为天下,若可寄天下;爱以身为天下,若可托天下。"主张身重于天下,这里又说天下重于自身,是不是矛盾了呢?其实并不矛盾,只不过是就不同方面说的。自身重于天下那说的是个人的修养修身,是就个人说的。天下重于自身说的是君王的作用职责,即上一章说的"王亦大",是就天下说的。指的方面不同,作出的比较就不同。不能把这两种不同的比较硬扯到一块去讲出一个共同的意义来,而是要学习老子具体问题具体分析的方法。

"轻则失本,躁则失君。"这句话是为了回应前文,意思是说,抓住次要的轻的一面就失去了根本,抓住次要的躁动的一面就失去了主宰。

　　这一章说明治国不能轻躁,以重、静为上。

第二十七章

善行无辙迹,善言无瑕谪,善数不用筹策,善闭无关楗而不可开,善结无绳约而不可解。是以圣人常善救人,故人无弃人;常善救物,故物无弃物。是谓袭明。故善人不善人之师,不善人善人之资。不贵其师,不爱其资,虽智大迷,是谓要妙。

【译文】

善于运行的人,不留痕迹。善于说话的人,没有漏洞。善于计算的人,不用筹策。善于关闭的人,不用门栓却打不开。善于打结的人,不用绳子捆绑,却解不开。因此,圣人总是善于救人,所以没有被遗弃的人;总是善于救物,所以没有被遗弃的物。这叫做与明相合。所以善人是不善人的师表,不善人是善人的借鉴。既不重视自己的师表,又不爱惜自己的借鉴,即使是有智慧的人,也会迷失方向。这叫做要妙。

【讲疏】

这一章的难点是对虽智大迷的理解。

"善行无辙迹。""辙"是车轮辗过的痕迹。"迹"是足踏过的痕迹。此句字面义是善于行走的人没有车辙足迹,但它的内涵要广泛一些。这就是老子主张的"善行不行",不行当然没有痕迹。不行还怎么运行?就是要照大道那样运行。天地无时无刻不在运行,但什么痕迹也不留下,反而是最大的运行。故说大行不行,善行不行。与大道的运行比起来,车走马驰只能算小行,谈不上善行。所以这句话可理解为,善于运行没有痕迹。

"善言无瑕谪。""瑕"是玉上的斑点。"谪"是话里的漏洞。句谓,善于说话的人没有漏洞,无懈可击。人再会说话也有漏洞,没有漏洞,除非不言。这个"善言"就是"善言不言"。孔子说:"天何言哉,四时行焉,百物生焉,天何言哉!"老子一再说"贵言","行不言之教",都是主张行为要与大道相合。

"善数不用筹策。""数"指计算。"筹策"是古代的计算工具。句谓,善于计算的人不用筹策。这也是说,用筹策只能算出个别问题,总的大的数学关系问题谁能算出来?只有大道才是对数学总体上的把握。河上公说:"善以道计事者,则守一不移,所计不多,则不用筹策而可知也。"大体上说的也是这个意思。

"善闭无关楗而不可开。""关楗"今作关键,原意是插门的门闩。句谓,善于关闭的人不用门闩但却打不开。《庄子·大宗师》里举过一个相似的例子,大意是说,把一只船藏在沟壑里,觉得很安全了,没想到有力气的人把大船给扛走了。"若夫藏天下于天下而不得所遁,是恒物之大情也。"就是说,如果把天下就藏在天下里,天下就不会丢,这是事物永远适用的大道理。说的也是善藏不藏,善闭不闭。

"善结无绳约而不可解。""绳约"是用绳子捆扎。句谓,善于打结的人不用绳子去捆绑但却解不开。这也是以不用为用的意思,世界上人心最难拴得住,推行大道,人心归向,谁也拆不开,用绳索捆绑怎么可能拴得住。

以上所举的善行、善言、善计、善闭、善结,共同说明一个问题,靠人为的办法只有小用。要想得到大用,最好的办法是以不用为用,无为而治,推行大道。

"是以圣人常善救人,故人无弃人。""弃人"是被遗弃的人。句谓,因此圣人总是善于救人,所以没有被遗弃的人。魏源说:"盖潜移默运,销之于未然,转之于不觉,救人而无救人之迹。"意思是说,奉行大道的圣人,按大道潜移默化地运行,在事情没出现之前不知不觉地就把问题解决了,救人不显痕迹,所以能常救人也没有被遗弃的人。

"常善救物,故物无弃物。"与上句同理,是说,圣人总是善于救物,所以没有被遗弃的物。

"是谓袭明。""袭"是蹈袭,不由地暗中就走上了什么路。"明",《老子》第十六章说"知常曰明",懂得常道就是明。"袭明"是说,这就不知不觉地与常道相合了。说袭明是合明,可以这样讲。

"故善人不善人之师,不善人善人之资。""师"的字面义是老师,"资"的字面义是资取、凭借。引申为借鉴。句谓,善人的成功经验是不善人的师表,不善人的失败教训是善人的借鉴。

"不贵其师,不爱其资,虽智大迷。"贵是看重。句谓,一个人既不重视向师表学习,又不珍惜从不善人身上吸取教训,即使他很有智慧,也会走向迷途。

"是谓要妙。""是"是这。"谓"是叫做。"要"是主要、重要。"妙"是玄妙、奥妙。句谓,这就叫做重要奥妙的为人处世方法。这一段与上面"是谓袭明"的一段并列。

这一章说明以不用为用的思想,介绍袭明要妙的处世方法。

第二十八章

知其雄,守其雌,为天下溪。为天下溪,常德不离,复归于婴儿。知其白,守其黑,为天下式。为天下式,常德不忒,复归于无极。知其荣,守其辱,为天下谷。为天下谷,常德乃足,复归于朴。朴散则为器,圣人用之则为官长。故大制无割。

【译文】
知道什么是雄强,但却要持守雌弱,做天下的川溪。做天下的川溪,能常用的道德才会不离身,复归到天真的婴儿状态。知道什么是洁白,但却要持守污黑,作为天下的法式。作为天下的法式,能常用的道德才会无差错,回归到原初的状态。知道什么是荣耀,但却要持守屈辱,做天下的深谷。做天下的深谷,能常用的道德才会充足,重新回到质朴的状态,质朴解剖开就成了器物,圣人使用它们对它们进行管理。所以大的制作不割裂。

【讲疏】
这一章一共讲了三层意思,分别说了保持常德不离要回复到婴儿般的天真、人性的原初、器物的质朴。总之是返真归朴。难点是对"圣人用之则为官长"的理解。

"知其雄,守其雌,为天下溪。""雄"是雄强。"雌"是雌弱。"溪"

是川溪,取的是低洼的意思。句谓,虽然知道什么是雄强,但不争雄强,而是守住雌弱,做天下的川溪,把自己的位置放在低洼之处。

"为天下溪,常德不离,复归于婴儿。""常德"是能常用的道德。"婴儿"取的是天真的意思。句谓,做天下的川溪,常德才不离身,回归婴儿的天真。老子是用水比喻常德向低处流,用婴儿比喻天真无邪。

"知其白,守其黑,为天下式。""白"是洁白。"黑"是污黑。"式"是法式、标准。句谓,虽然知道什么是洁白,但不去显示洁白,而是要守住污黑,做天下的法式,把自己摆在一个标准的位置上。"式"是古代的栻盘,古人用栻盘确定怎么做,引申出标准、法式的意思。"知白守黑"就是老子讲的"大白若辱"(见第四十一章)

"为天下式,常德不忒,复归于无极。""忒"是差失。"无极"是万物的原初,程颐说"无极生太极,太极生两仪"就是根据老子这个无极说的。句谓,做天下的法式,常德才不会出现差失,回归到人性的原初,自然与大道相合。

"知其荣,守其辱,为天下谷。""谷"是深谷,取的也是低下之义。句谓,虽然知道什么是荣耀,但不争夺荣耀,而是要守住屈辱,做天下的深谷。

"为天下谷,常德乃足,复归于朴。""朴"是做器物的原料。璞石切割雕琢之后成为玉器。没有切割之前是质朴的,原型不变。句谓,做天下的深谷,常德才会充足,回归到天然的质朴。

"朴散则为器。""器"是器物,具体的器皿,经人加工后的东西。句谓,质朴的原料解剖开了就变成了器物,一成器皿就只有一种用处了。

"圣人用之则为官长。""为官长"是做官长的意思。第六十七章说:"不敢为天下先,故能成器长。"圣人使用器,管理器,但自己为朴不为器。这句话的意思是说，圣人不散而为器，复归原朴，使用器，管理器。有人把这句话讲成圣人用器做官长，这就不合原意了。器一般只有一种用处，官长起码要有某个方面的用处，所以《论语·为政》说"君子不器"，《礼记·学记》说"大道不器"。器不能做官长是古人的共识，非独老子为然。老子一贯主张圣人要做朴不做器，这在很多章节里都有明确的说明。有的人可能是囿于"不成器"在人们的日常用语里是没出息的意思，所以把老子的话理解错了。

"故大制无割。""大制"是大制作，大制作是为了大用。"割"是切割。句谓，所以要制作有大用的器物就不去切割，也就是说，质朴才有大用。

这一章说明返朴归真才合大道。

第二十九章

将欲取天下而为之,吾见其不得已。天下神器,不可为也。为者败之,执者失之。故物或行或随,或呴或吹,或强或羸,或载或隳。是以圣人去甚、去奢、去泰。

【译文】

要取得天下去治理它、整治它,我看他办不到。天下是神圣的东西,不能去治理,治理就会坏了它,把持就会失去它。所以说,万物之中有的要走在前,有的要随在后;有的要吹冷风,有的要呴热气;有的该强壮,有的该羸弱;有的该上去,有的该下来。正因为如此,圣人要去掉极端、奢大、过分。

【讲疏】

这一章误会较多,分别做些说明。

"将欲取天下而为之,吾见其不得已。""取"就是夺取、取得。"为"对于天下来说就是治理。不过这个治理有两种理解,一种理解为理顺,另一种理解为整治,老子用的是后一种。《庄子·在宥》里说:"闻在宥天下,不闻治天下也。"意思是说,只听说过要让天下宽宽松松自由自在,没听说过要整治天下。这个"治"也是指整治。庄子说的"在宥天下"就是老子的无为而治,他说的"治天下"指的就是老子说的有为而治。"已"与"矣"古时通用,"不得已"就是不得矣,即办不到的意思。句谓,想要取得天下还要去整治它,我看他办不到。意思是说,实行无为而治才能治理好,有为而治不可能治理好天下。

"天下神器,不可为也。""神器"是神圣的东西。句谓,天下是个神圣的东西,不可当成一般的东西,亵渎不得,不能去治理它、整治它。这是针对当时社会上大量治理天下的主张说的。老子认为"治理天下"这个提法就不对。天下怎么可以去治理呢?它又不是个一般的东西,可以让你随便去修理,治理坏了怎么办?那关系到天下人的利益,最好的办法还是顺着它去发展。

"为者败之,执者失之。""败"是坏的意思。"执"是把持的意思。句谓,治理它的人就会弄坏它,把持它的人就会失去它。

以上说明,不能按个人的意思、愿望去治理天下,并指出这种做法的危害性。

"故物或行或随。""行"是走在前面,"随"是跟在后面。"或"是个不定指代词,可以理解为有的人、有的物,这里既然限定为"物或",那就是有的物。句谓,万物之中,有的要走在前,有的要随在后。

"或呴或吹。"王弼本呴作"歔",还有的本子作"嘘"。"呴(xū)"用如呴寒问暖的呴,是哈热气的意思。相对而言,吹就是吹冷风。句谓,有的要呴热气,有的要吹冷风。

"或强或羸。""羸"是羸弱,瘦弱。句谓,有的该强壮有的该羸弱。就是说,万物有强有弱,各不相同。

"或载或隳。""隳"傅奕本作"堕",与"载"对举,作堕意思是对的。但古代用隳堕通假常有,如"隳其志"就是堕其志。原文不一定要改为堕。"载"是坐在车上,"隳"是从车上掉下来。句谓,有时会坐在车上,有时会从车上掉下来。取义是有的该上去,有的该下来。以上四句都是说明万物各自的禀性不同,不能一刀切。

"是以圣人去甚、去奢、去泰。""去"是去掉。"甚"、"奢"、"泰"都是过分的意思。区别开讲,"甚"是极端,即"不为已甚"的甚。去甚指不要走向极端。"奢"是大的意思,去奢是不要扩大个没完。"泰"就是太,去泰就是不要太过分。总之是说,事物各自的禀性不同,要求不同,不能一刀切,更不能执其一端无限扩大。

这一章说明万物之间的差异性,不可按一己的认识意愿去整治,指出去甚、去奢、去泰才与大道相合。

第三十章

　　以道佐人主者,不以兵强天下,其事好还。师之所处,荆棘生焉;大军之后,必有凶年。善有果而已,不敢以取强。果而勿矜,果而勿伐,果而勿骄,果而不得已,果而勿强。物壮则老,是谓不道,不道早已。

【译文】

　　用大道辅佐君王的人,不依赖武力逞强天下,依赖武力很快就会得到还报。驻扎军队的地方,荆棘丛生。打过大仗之后,必有灾荒。只要能够收到成果就行了,不敢去获取强大。有了成果不显耀,有了成果不吹牛,有了成果不骄傲。成功了是迫不得已,有了成果不要逞强。强壮了就会走向衰老,这叫做不合大道,不合大道会早早死亡。

【讲疏】

　　这一章的混乱主要在对"果"的解释上。

　　"以道佐人主者,不以兵强天下。""佐"是辅佐。"人主"是君主。"兵"在这里指军事力量。"佐人主"是针对当时诸侯国任用游说的贤人来治国说的,东周时期已经有了这种风气。虽然还不严重,但已出现苗头。老子看到这种苗头,所以指出被国君委以重任就应该用大道去治国。用大道治国不能依赖扩军备战的方法,更不能靠兵强马壮去逞强。但要注意,老子不是不要武力,只是想说明,武力的作用不能夸大,不能把它当成惟一的救命稻草,真正能救国的还是大道。句谓,用大道辅佐君王治理国家的人,不依赖军事力量逞强天下。

"其事好还。""好"是容易。"还"是返回来,也就是老子讲的"道者反之动"。俗话说的"一报还一报"。句谓,靠军事力量逞强很容易就会得到还报。下几句就说明还报。

"师之所处,荆棘生焉;大军之后,必有凶年。""师"指军队。"大军"指的是打大仗。"凶年"是灾荒之年。句谓,大军驻扎的地方,满地荆棘丛生,一片荒草,打过大仗之后,肯定要闹几年灾荒。驻扎军队的地方,地就不能耕种了,只会长荒草。打了大仗,经济受到极大破坏,必然会出现灾荒。这与治国的目的正好相反,所以用它来证明"其事好还"。

"善有果而已。"《老子本义》作:"善者果而已。"这个"果"指的是"佐人主"的效果。"佐人主"是为了帮助君王把国家治理好,把国家治理好才是成果。王弼说:"果犹济也。"济是把事办成,讲成果敢、果断歪曲了老子的意思。老子的意思是说,军队虽然不能不要,但军队是为了强国,它本身并不是目的。善于治理国家的人,达到强国的目的不受欺负就可以了。善可理解为能够。句谓,能够收到战胜敌人的成果就行了。

"不敢以取强。""取"是获取。"强"是强大。这个强大指的是与其他国家对比中的强大,就是在军备竞争中力量最强大。句谓,不敢去获取有足够力量可以去吞并他国的强大。意思还是说这不是目的,不能这样做。

"果而勿矜,果而勿伐,果而勿骄。""矜"是自己宣耀自己。"伐"是自吹自擂。"骄"是骄傲自大。句谓,有了成果,达到目的不要自我宣耀,不要自吹自擂,不要骄傲自大。

"果而不得已,果而勿强。"这一句的"不得已"与上一章的"不得已"意思不同,是没有办法只能如此的意思。用时髦的话说就是,没有第二种选择。"强"是逞强好胜的意思。句谓,有了成果,国家强大了这是不得不如此,但不能逞强。

"物壮则老。"此句是解释为什么要这样,除了上面提到的"其事好还"以外,自身的规律也该如此。生长老死是所有事物的规律。壮大了就要向衰老发展,不想衰老就不能逞强。

"是谓不道,不道早已。""已"是停止,指发展到头不能发展,也就是死亡的意思。句谓,这叫做不合大道,不合大道,就会早早死亡。说明逞强是找死的做法。

这一章说明天道好还,物壮则老的规律,指出不逞强好胜才合乎大道。

第三十一章

夫佳兵者,不祥之器。物或恶之,故有道者不处。君子居则贵左,用兵则贵右。兵者不祥之器,非君子之器,不得已而用之,恬淡为上。胜而不美,而美之者是乐杀人。夫乐杀人者,则不可以得志于天下矣。吉事尚左,凶事尚右;偏将军居左,上将军居右,言以丧礼处之。杀人之众,以哀悲莅之,战胜以丧礼处之。

【译文】

强大的军事力量是不吉利的东西。总有人讨厌它,所以有道的人不立足于此。君子平常以左方为尊贵,打起仗来就以右方为尊贵。武力是不吉利的东西,不是君子要使用的东西。只有在不得已的时候才使用它,恬静、平淡才是上策。打了胜仗也不认为是美事,如果认为是美事,那就等于喜欢杀人。喜欢杀人的人就不可以得志于天下了。吉庆的事以左方为上,凶丧的事以右方为上。副将军居于左边,主将居于右边。说的就是作战要按凶丧的礼仪去办。杀了很多敌人,以悲哀的心情对待,打了胜仗,按凶丧的礼仪去处理。

【讲疏】

这一章争议较大的是"佳"。

"夫佳兵者,不祥之器。""佳"就是好,"兵"指的是军事力量。"佳兵"就是强大的军事力量。自从王念孙在《读书杂志》里说，"佳"是"隹"字之误，"隹"是"唯"字之借，有的本子就改成了"唯"兵。王念孙确实在训诂上贡献很大，但这个字讲得理由不足。先从老子自己的思想去说，上一章说："以道佐人主者，不以兵强天下"，就是说不依赖强大的军事力量在天下逞强，能逞强于天下的自然是佳兵。所以这一章开宗明义地说："佳兵者，不祥之器。"内在逻辑很清楚。从文字上说，《老子》一书里用了很多"惟"。比如第二十一章"惟道是从"、"惟恍惟惚"等等。到了这里怎么可能忽然换了"佳"或"唯"呢？即使唯、佳可以通假，老子总该有个用字习惯吧？那么多"惟"字不误，这里也不是什么晦涩难懂之处，有多少致误的理由呢？"佳兵"自顺，改成隹兵反而别扭了。与王氏同时的卢文弨在《抱经堂文集》里就认为应该按佳兵去读，只不过卢氏没有王氏影响大罢了。总之，"佳兵"就是强大的军事力量，或装备精良的军队，强大的武力。"兵"也不能讲成兵器。句谓，强大的武力是不吉祥的东西。

"物或恶之。"句谓，总会有人讨厌它。"物"是泛指。"或"是有人。"恶"是厌恶。句谓，打哪儿哪儿讨厌。说讨厌还是轻的，其实是深恶痛绝。不要战争，要和平是全世界的共同呼声。

"故有道者不处。""不处"是不立足于此，即不把强大的武力当成立国之本。上一章已经说明了，拥有强大的兵力不是目的，不是治国的大道。所以有道的人不立足于此。秦始皇靠佳兵统一了天下，得到的却是一个短命的王朝。

"君子居则贵左，用兵则贵右。""君子"是明道的人。"居"是平居，指平常的时候。"用兵"是打仗的时候。"贵左"、"贵右"是当时的礼仪习惯。从道理上讲，人面南而立左方是阳方，阳代表主动刚健，生发；右方是阴方，阴代表随动，柔顺，衰亡。所以古代礼仪规定，平常往来左方是尊贵之位，右方是卑下之位。因为平常要尊重生发向上,打仗是非常时期,与平时不同,哀兵必胜,逞强好胜会失败,要尊重顺势哀伤。老子举出这个从古流传的礼仪习惯,是要证明为什么说"佳兵者,不祥之器"。实际是用古人的习惯说明这是古人早就认识到的道理,并非我老子要这样说。

"兵者不祥之器,非君子之器。"这是对上几句的归纳,意思是说,所以说武力是不吉利的东西,不是君子要用的东西。

"不得已而用之,恬淡为上。"此句要连读,"恬"是恬静,"淡"是平淡。句谓,君子如果在不得已的情况下非得用兵的话,要保持恬静平淡的心态去对待它,这才是上策。也就是说,要明白这是无可奈何的事,胜了也不要以为是什么好事。

"胜而不美,而美之者是乐杀人。"此句解释为什么要说"恬淡为上"。句谓,打了胜仗也不要美,如果把这当成美事,那就等于是喜欢杀人。

"夫乐杀人者,则不可以得志于天下矣。""得志"是实现愿望。什么愿望?是得到天下的愿望。句谓,喜欢杀人的人,就不可以实现得到天下的愿望了。

"吉事尚左,凶事尚右。""吉"是吉庆。"凶"是凶丧。"尚"是推尚。句谓,吉庆的事以左方为尊贵,凶丧的事以右方为尊贵。这也是引用流传的礼仪习惯证明这是古已有之的道理。

"偏将军居左,上将军居右,言以丧礼处之。""偏将军"是副将。"上将军"是主将。"处之"是办理它。句谓,为什么军队里会让副将居于左边,让主将居于右边呢?因为右边是尊位,说明军队里是按凶丧的礼仪办理的。这也是用军队里的习惯说明"兵者不祥之器"是古已有之的道理。

"杀人之众,以哀悲莅之,战胜以丧礼处之。""莅"字通行本作"泣",帛书本作"立","立"通"莅",用"莅"更合情理。"莅"是莅临,是到场吊唁。这里是泛用,指用哀伤的态度去对待、去处理。"莅之"与"处之"互文,义同。句谓,杀了人家很多人,要用哀伤的心情去对待。打了胜仗,要按凶丧的礼仪去处理。

　　这一章进一步说明武力征伐不是治国要道,并指出要像对待凶丧那样对待战争。

第三十二章

　　道常无名,朴虽小,天下没能臣,侯王若能守之,万物将自宾。天地相合,以降甘露,人莫之令而自均。始制有名,名亦既有,夫亦将知止。知止可以不殆。譬道之在天下,犹川谷之与江海。

【译文】

　　大道经常没有名声。没有加工的朴,虽然小,但天下没有人能支配它。王侯若能守住朴的特点,万物将会自动地来归服。天地交合,降下甘露,没有人指使它而自然均匀。开始制作成东西才有名称。名称有了之后,也要知道适可而止。知道适可而止可以不衰败。相比而言,大道在天下的样子,像河流与江海之间的关系。

【讲疏】

　　这一章要注意"名"的含义较丰富。

　　"道常无名。"这个"名"是名称,也含有名誉、名声的意思。句谓,大道经常没有名称。大道无时无地不在起作用,但它不显形迹,人们不知道它的存在,没有人去感谢它,赞颂它,所以也就不显名称。

　　"朴虽小,天下没能臣。""朴"是还没有制成器物的原料,即未加工的原料。"臣"是把他当成臣下去役使、支配。人只能使用器物,不能直接使用器物的原料,所以才说即使是个很小的原料,天下人没有谁能支配得了它。比如一块铁矿石,矿石要经过冶炼,制成人们能使用的东西才能为人所用,没有任何人直接去使用矿石的。矿石制成了钉子、刀剑等。钉子、刀剑有了名称,也有了使用起来方便的名声,于是谁都可以使用它了。没有制成钉子、刀剑的铁矿石,相对于它可能成为钉子,也可能成为刀剑来说,它还没有名称,也没有使用起来方便的名声,在这一点上与大道有相似之处,故老子用朴与大道做了类比,说明朴有大道的特点。正是因为它有了大道的特点,所以才没有人能支配得了它。

"侯王若能守之,万物将自宾。""之"指代的是朴,不是指大道。"宾"是宾服,即来归附的意思。句谓,王侯如果能持守朴的特点,万物会自动地来归附。这比"天下莫能臣"的意思更深入了一步。成了器物,谁都可以使,没成器物谁都使不了,不但使不了,还得来找你。为什么会这样?就因为你是朴。还用铁矿石来作比喻。如果制成了钉子,那就只有需要钉子的人来找你,需用刀剑的人就会弃之不顾。如果你是一块矿石,不仅是需要钉子、刀剑的人会来找你,一切需要铁器的人都会不辞辛苦地来找,那不就变被动为主动了。朴才是取得主动的要妙,所以要侯王守住朴的特性。推广到人生社会上说,淳朴是变被动为主动,而成器是变主动为被动,故老子主张淳朴。

"天地相合,以降甘露,人莫之令而自均。"此句是证明"大道无名"的例证。意思是说,比如天降雨露吧,百姓中没有任何一个人能让它这样做。天不但下了雨露,而且还下得很均匀。这不是大道运行,天地阴阳二气相合造成的吗?但是谁也不知道这是大道运行造成的,它也没有按照任何人的愿望去这样做,当然也就没有任何人去感谢它,赞颂它,因此才说,大道经常没有名声。

"始制有名。"句谓,把朴开始制作出器物来才有名称。这个"名"主要是指名称。一制作出来就成了器物,器物都有名称。当然一成了器物也就有了有用的名声。在这一点上老子把大道无名声,器物有名声做了对比。

"名亦既有,夫亦将知止。"句谓,有了名称成了器物,就不再是朴了。作为器物该怎么办?那你也要懂得器物的用处是有限度的,无限地扩大自己的作用很快就完了,最好是在限度之内知道适可而止。这一句是针对器物说的,是讲给臣下说的。侯王要守朴,臣下不可能做朴,臣下好比是器物。相对于大道来说,每个人都是器物,人都是从大道中化生出来的,因为人已经是有形体了。"形而上者谓之道,形而下者谓之器"(《周易·系辞传》)意思是说,没有形体之上属于道,有了形体之下就属于器。人都属器的范畴,如果在侯王的位置上要用朴的特性,但不可能人人都当侯王,那就得按器的最佳选择去活动。这个最佳选择就是"亦将知止"。注意这句话是讲给不是侯王的一般人的处世方法。

"知止可以不殆。""殆"是倦殆、衰败的意思,而不是危险。这一句是告诉人们知止的好处,说明为什么要知止。意思是说,知道自己的作用有限,能做到适可而止,就不会衰败了。

"譬道之在天下,犹川谷之与江海。"这一句不能拆开读,老子的话里有"譬……犹"作比喻连词,当然是一个复句。句谓,如果打个比方的话,大道在天下,就如同是江海与河流的关系。河流都流入大海,天下都归向大道。大海浩瀚无边,河流水有限度。如果是侯王的话就得像大海,如果是百姓的话就去做河流向大海朝宗。这样就能很好地为人处世了。

这一章说明侯王为朴与百姓知止的处世方法,指出人与大道的关系。

这一章讲解杂乱的另一个原因是校勘的问题,河上公本"夫亦将知止,知止可以不殆"一句作"天亦将知之,知之所以不殆"。这与全章的意思脱节,所以才讲出许多生拉硬扯的意思来。用老子自己的内在逻辑一量,就可知道这是错误的校勘。"天"与"夫"形近,"之"与"止"形近,都是形近致讹。王弼本不误。

这一章说明朴的巨大作用。

第三十三章

知人者智,自知者明。胜人者有力,自胜者强。知足者富,强行者有志,不失其所者久,死而不亡者寿。

【译文】

了解别人的人算做伶俐,了解自己的人算做明智。能战胜外人的人算做有力,能战胜自己的人算做强大。知道满足的人富有,坚强力行的人有志气。不超出自身限度的人长久,身死而精神不一同消亡的人长寿。

【讲疏】

这一章的难点是"不失其所"中"所"的特殊含义。

"知人者智,自知者明。""智"与"明"有区别,除具体所指有不同外,对比而言,老子说的智与明,大体上可区别为,智是小智慧,明是大智慧。老子对小智慧持批判态度,主张人要有大智慧。这两句用现代汉语表达,大致可以说成是,了解别人的人伶俐,了解自己的人明智。也就是说,能了解别人,懂得怎样去对付他,怎样对付更有效等,这只能算做小智慧。真正的大智慧是对自己的了解,知道自己的优势与劣势,那才能无往而不利,才不至于为了对付别人损伤了自己。

"胜人者有力,自胜者强。"这也是对比着说的,"有力"与"强"对比力量就差多了。句谓，能战胜别人的人仅能算有力量，真正的强大是能战胜自己。战胜自己指的是战胜自己的欲望和私念，即第十九章讲的"少私寡欲"。少私寡欲与大道并行所以强大。战胜别人，用庄子的话说就是，那跟斗鸡差不多，斗胜了是比别人有力，但仍然是个斗鸡的强大，不是真正的强大。

"知足者富。"句谓，知道满足的人富有。人心无足，富有也就没有限度。富有只在对比中存在，知足就去掉了对比的条件，所以富有。

"强行者有志。""强"是坚强。"行"是坚持不断地努力。句谓，坚强不息去实践的人有志气。

"不失其所者久。""不失其所"不能按现代汉语的意思去理解。一说"不失其所"就以为是不失去自己的地盘。"所"也不是指处所，而是指所有。所有指的是自己身上的一切，比如肉体健康、精神、精力、功能等等。不失去自己的所有自然就长久。但怎么才能不失去自己的所有呢？上一章已告诉我们："知止不殆。"就是说，人身上的所有都有限度，在这个限度之内去使用它可以长期保有，超过限度去使用就失去了。这句话的意思是告诉人们，不超出自身限度的人能长久。

"死而不亡者寿。""亡"是消亡。"寿"是长寿。人死了怎么可能不亡？可见老子讲的不是肉体上的亡，而是精神上的亡。句谓，人的肉体死了但精神还能留存下来不消亡，这才是长寿。如果一个人死了，什么也没留下，那就是彻底死亡了。这种人活得再长他的影响也是短命的。

这一章说明人自身修养的问题。

第三十四章

大道泛兮,其可左右。万物恃之以生而不辞,功成而不名有,衣养万物而不为主。常无欲,可名于小;万物归焉而不为主,可名为大。以其终不自为大,故能成其大。

【译文】

大道广大普遍呵!它没有定向,无处不在。万物依赖它生存,它不推辞。成就了造化万物的大功,但并不占有这个名誉。养育了万物,但并不自居为主人。永远没有欲望,可以把它叫做小。万物归附它,但它不以主人自居,也可把它叫做大。正是因为它始终不自命为大,所以才能成为大。

【讲疏】

这一章的难点是左右的含义与小与大的关系。

"大道泛兮,其可左右。""泛"是广大普遍的意思。"可左右"字面义是可左可右,没有定向,含义是适合所有的事物,无处不在。老子认为事物都是一分为二的,有左就有右,有这一方就有那一方。说"可左右"等于说"可此可彼",它包括对立的双方。包括对立双方是无处不在的意思。句谓,大道广大普遍呵,它无处不宜无处不在。

"万物恃之以生而不辞。""恃"是依赖。"辞"是推辞拒绝。老子认为万物都是从大道中化生出来,都接受了大道的施与才能生存。

句谓，万物都依赖它得以生存，万物都从它那里索取，而它从不拒绝对任何事物的施与。

"功成而不名有。""名有"就是"有名"，即占有名声的意思。句谓，大道把造化养育万物的功业做成功了，但却不去占有这个名誉。

"衣养万物而不为主。""为主"是做主人，占有的意思。"衣"是动词用法，相当于遮蔽、保护。"衣养"意为养育。句谓，它养育万物，却从来也不以主人自居去占有万物。

"常无欲，可名于小。""名于小"与下文的"名为大"互文，就是"名为小"的意思。句谓，大道没有欲望，不居功，不占有名声，功名都没有，从这个角度上说，可以把它叫做小。

"万物归焉而不为主，可名为大。""归"是归附。句谓，万物都得归附它，而大道却不去占有做万物的主人，大公无私，从这个角度上说，也可以把它叫做大。

"以其终不自为大，故能成其大。"这一句讲小与大的关系。上文讲因为无欲而小，因为无私而大。然而无私是依赖无欲才存在的，大是从小中产生的。所以，正是因为它始终无欲，不肯自命为大，所以才能做到无私而造成了它的大。也就是说，越是有欲望想成为伟大，越是显得渺小。

这一章说明大道造化万物，无私无欲的特性，告诉人们无私无欲才能成就伟大。

第三十五章

执大象,天下往。往而不害,安平泰。乐与饵,过客止。道之出口,淡乎其无味。视之不足见,听之不足闻,用之不足既。

【译文】

掌握了大道,天下人就会来归附。天下人来归附,自己又不去伤害,从此就天下太平了。张设音乐,摆上美味佳肴,过路人也会被吸引过来驻足不前。大道说出口,淡而无味。看看不见,听听不到,运用起来却无穷无尽。

【讲疏】

这一章的难点是"乐与饵,过客止"的含义。

"执大象,天下往。""执"相当于掌握。"大象"即大道。大象无象,老子说"大象无形"。在第十四章里说大道是"无状之状,无物之象。是谓惚恍。迎之不见其首,随之不见其后"。这里不说大道,而说大象,只不过是为了与"往"字协韵罢了。"往"是来归附。句谓,掌握了大道,用大道治国,天下人就会来归附。

"往而不害,安平泰。""泰",今作太。吕惠卿说:"平者安之至,泰者平之至。"意思是说,安定到极点就平了,平到极点就泰了。"安平泰"就是国泰民安,天下太平。句谓,天下人都来归附,又不去伤害他，就国泰民安，天下太平了。

"乐与饵，过客止。""乐"是音乐。"饵"是用食物做的诱饵。"止"是止足不前。句谓，张设上音乐，摆上丰盛的诱饵，过路人就会被吸引过来，止足不前了。注意，老子不说"乐与食"，而说"乐与饵"，显然是说"乐与饵"就是上文说的一种"害"。过客本来是要继续走路的，你用东西把他吸引住，他就不往前走了，不往前走就达不到目的地了，半途而废，这岂不是害人？因此，不要以为直接伤害才算害，勾起人的欲望也是一种无形的伤害。正因为如此，圣人才既不直接去烧杀抢掠，也不勾起人的欲望。让人保持无欲的状态才是对天下人的"往而不害"。"乐与饵过客止"是勾起人的欲望，让人半途而废的意思。

"道之出口，淡乎其无味。""淡"是平淡的意思。句谓，大道从口中说出，平淡无味。也就是说，它既不令人悲，也不令人喜，平平淡淡。那种让人亢奋、激越、高兴、煽情勾欲的话不是大道，而是于人有害的话。

"视之不足见，听之不足闻。"此句是解释为什么大道说出口平淡无奇。意思是说，大道本身就平淡无奇，看你看不见，听你听不着，大道的这种特性就决定了它的平淡无奇。

"用之不足既。""既"是完、尽的意思。这一句是承上转折，意思是说，你不要以为看不见、摸不着就没有用了，其实它运用起来是无穷无尽。

这一章说明治国之道是不要勾起人的欲望。

顺便说一下校勘问题。这一章也有不少异文，此处多了一个者，彼处少了一个也等等，但只要不破坏语言的节奏韵律，又不影响对老子思想的准确理解，可以不作细究。值得一说的是"视之不足见，听之不足闻"两句，有人认为这两句与前文重复，或者是批注的窜入，或者是后人妄加,主张删掉。这就不妥了。从老子行文的内在联系看,这两句起了两种作用:一是它向我们说明了为什么"道之出口,淡乎其无味";二是回应了第一句的"大象",暗示了大象就是大道。既不啰嗦,也不重复,不能删除。

第三十六章

将欲歙之,必固张之;将欲弱之,必固强之;将欲废之,必固兴之;将欲夺之,必固与之。是谓微明。柔弱胜刚强。鱼不可脱于渊,国之利器不可以示人。

【译文】

要想让它缩小,先要让它扩大;要想让它削弱,先要让它强壮。要想让它衰亡,先要让它振兴。要想夺取它,先要给予它。这是洞察幽微的大智慧。柔弱战胜刚强。鱼不可离开水,国家的法宝不能让敌人知道。

【讲疏】

这一章出问题最多的是"国之利器,不可以示人"中"人"的具体所指。

老子说想让它歙、弱、废,一直到夺取它。这显然说的是敌我关系。从老子的论述顺序看,上一章向人们讲的"往而不害",是对待人民的大道,这一章讲的促其衰亡,是对待敌人的大道。用现在的话说就是,上一章讲怎样处理人民内部矛盾,这一章讲怎样处理敌我矛盾。这一点弄清楚了,就可以知道"国之利器不可以示人"的人,指的是敌人,不是指广大人民群众。对待人民群众,老子一再反对用智,根本不可能主张用阴谋。在五十七章里说"以正治国,以奇用兵",敌我关系分得很清。《后汉书》卷四十五在"陈平多阴谋,而知其后必废"一句下,李贤注:"丞相陈平,为高祖谋臣,出六奇,叹曰:'我多阴谋,道家之所禁,吾世即废,以吾多阴谋祸也。'"陈平是个战略家,从《老子》的书里读出的是道家反对阴谋(见中华书局本1527页)。有的人曲解了老子的意思,还要说老子是阴谋家。这不是无意之中给老子栽了赃又硬指老子为贼吗?请问哪一个阳谋家会把自己的法宝给敌人看呢?如果是用对付敌人的方法在人民内部使用,那才是阴谋家。知道了这一点,全章怡然自顺,用不着旁推曲求,故弄高深。

"将欲歙之,必固张之。""歙(xī)",河上公本作"翕",王弼本作"㛊",《释文》选择的是"翕",字形不同,字义相同,是闭合的意思。在这里是收敛、收缩,让它变小的意思。"必"是一定。"固"是本来就应当,理所当然的意思。句谓,想要让它变小,变得收缩点,一定要懂得先要去扩张它。

"将欲弱之,必固强之;将欲废之,必固兴之;将欲夺之,必固与之。""弱"与"强"对举,"废"与"兴"对举,"夺"与"与"对举。词义显然。句谓,想要削弱它,一定要懂得先去强壮它;想要让它衰败灭亡,一定要懂得先去振兴它;想要夺取它,一定要懂得先去给予它。以上四组"翕张、弱强、废兴、取与"的关系是想让人们明白,事物向对立方面转化是个普遍规律,这个规律不仅制约人民内部矛盾,也制约着敌我矛盾。这正是老子"道者反之动"的具体说明。

"是谓微明。""是"是这。"谓"是叫做。"微"是幽微。"明"是大智慧。句谓,这叫做洞察幽微的大智慧。因为常人不知才说"微",因为常人喜爱小聪明才说"明"。"微明"实际上相当于秘诀。换句话说就是,你想知道战胜敌人的方法吗?我告诉你的就是秘诀。

"柔弱胜刚强。"句谓,柔弱能战胜刚强。克敌制胜的法宝不是刚强不能屈,刚强不屈是找死,达不到战胜敌人的目的。

"鱼不可脱于渊,国之利器不可以示人。"这是就我方自身说的。此句字面义是说,鱼不能离开水,国家的锐利武器不能给人看。鱼用来比喻我方,"渊"用来比喻向对立面转化的规律,也就是大道。是说人不能离开大道。"利器"等于是克敌制胜的法宝、绝招,指谋略。"示人"是给人看。"人"是敌人。意思是说,我方的法宝不能给敌人看。这个利器、法宝、绝招指什么?当然指的是在大道指导下确定的谋略。兵法说"兵不厌诈",又说"知彼知己,百战不殆",把自己的谋略都暴露给敌人,那就只能等着失败了。

这一章说明克敌制胜的谋略。

第三十七章

道常无为而无不为。侯王若能守之,万物将自化。化而欲作,吾将镇之以无名之朴。无名之朴,亦将无欲。不欲以静,天下将自正。

【译文】

大道经常是自然无为的,但却成就了所有的事情。王侯如果能持守它,万物将会自己生化,在生化之中产生了欲望,我用无名的原初状态去镇抚,无名的原初状态就会变得没有欲望,没有欲望就会清静,天下就会自然安定了。

【讲疏】

这一章的难点是对无为和朴的理解。

"道常无为而无不为。""无为"的字面义是无所作为,但含义是顺应自然不强为。从老子自己的话里我们知道,"无为"的目的是"无不为","无不为"的方法是"无为"。要想达到"无不为"的目的,什么都不干是不可能的,老子也不会那么愚。那么他说的"无为"不是指什么都不干或无所作为。这样说来,他的"无为"是什么意思呢?庄子说:"也因而已。"王弼说:"顺自然也。""因"就是顺着自然。这都正确地揭示了"无为"的内涵。也就是说要顺着自然发展的规律去做,不要逆规律而动。"无为"的真实含义是,不要逆自然发展规律而动,自然而为。要想顺着自然规律而动,首先要懂得自然规律是什么,还要调查目前发展态势的自然发展趋势是什么?还得控制不要向不合自然规律的方向发展。忙得很,怎么能什么都不干?"无不为"是把一切事情都办到了。这一句是解释圣人为什么要无为而治。句谓,大道就是自然而为却把一切办成了。大道也不是一动不动办成的,它要自身运动,自然展开,自然生化,万物才得以产生,得以养育,得以发展,它的"无不为"的功能才能实现。圣人就应当向大道学习。

"侯王若能守之,万物将自化。""之"指代"无为而无不为"的大道。"自化"是自己去生化。句谓,王侯如果能持守"无为而无不为"的大道,万物将会自己自动地去生化。也就是说,自己生化是大道的规律。

"化而欲作,吾将镇之以无名之朴。""欲"是欲望。"作"是产生,兴起。"镇"是镇抚。"无名"指还没有化成器物之前。第三十二章说"始制有名",一成了物就有名了,没有成物之前无名。"朴"是制器原料。"朴"没有名,无名之朴是器物的原初状态。句谓,万物生化出来,产生了欲望,我将用无名的原初状态去镇抚它,也就是说,让它回到原初的状态。

"无名之朴,亦将无欲。""将"是将要、也会的意思。句谓,回复到无名的原初状态就会变得没有欲望。就是说,原初状态里就有无欲的成分,不仅仅是原初。

"不欲以静,天下将自定。""以"是连词。句谓,万物从原初的状态里回复到无欲就安静了,天下也就因此自然安定了。

前两章分别讲了对待人民的大道和对付敌人的大道,这一章讲的是综合治理的大道和方法,也就是最常用的大道。

在道经里有不少"常"、"固"等字,在帛书本里"常"一般作"恒","国"一般作"邦"。这是因为汉朝有两个皇帝,一个叫刘邦,一个叫刘恒。帛书本是汉以前的本子,用不着为刘邦、刘恒避讳,直接写成恒或邦。现行本是经过汉朝人改了的本子,不能直接用恒或邦,就改恒为常,改邦为国,帛书本更合老子的原文。古人常常因为避讳尊长的名字而改字,有时改得很可笑。五代时有个大官叫冯道,雇了个家庭教师教孩子读书,老师读到"道可道非常道"一句,道是尊长的名字不敢说了,于是就念成了"不敢说,可不敢说,非常不敢说"。冯梦龙还把这件事收在《古今笑》里。

下 篇

第三十八章

上德不德,是以有德。下德不失德,是以无德。上德无为而无以为,下德为之而有以为。上仁为之而无以为,上义为之而有以为。上礼为之而莫之应,则攘臂而扔之。故失道而后德,失德而后仁,失仁而后义,失义而后礼。夫礼者,忠信之薄,而乱之首也。前识者,道之华,而愚之始也。是以大丈夫处其厚不居其薄,处其实不居其华。故去彼取此。

【译文】
上等的道德,看不出道德,因此有道德。下等的道德,显示出了道德,因此没有道德。上等的道德自然而为,而不有意而为;下等的道德按道德去做了,而是有意而为。上等的仁爱按仁爱去做,而不是有意而为;上等的正义是按正义去做,而有意而为。上等的礼仪按礼仪去做,如果得不到人们的响应,就会捋起袖子死拉硬拽了。所以,丧失了大道才讲道德,丧失了道德才讲仁爱,丧失了仁爱才讲正义,丧失了正义才讲礼仪。讲礼仪是忠信的淡薄,祸乱的开端。至于说先见之明,那是大道的虚花,愚昧的开始。因此大丈夫要立足于重厚,不立足于轻薄;立足在真实,不立足于虚花。所以要舍弃仁义礼智,选取道德。

【讲疏】

这一章首先要把握住德的含义。"得之于道者谓之德",从区别上讲,大道是客观性的,德具有了主观性。大道是普遍性的,德有了具体性。大道是无形无象的,德有了可认识性。从统一性上讲,德又是人身上所有的道,道与德又是一致的。大道生化万物,不可能把自身的全部赋予一个人,所以每个人身上得到的道就不同了,德就有了区别。总之,每个人身上合道的部分就是德。合道的部分越多,道德也就越高。脱离道的部分越多,道德就越低。老子讲的德,指的就是道德。

"上德不德,是以有德。""上德"是上等的道德。"不德"的德,前面有了副词"不",可以肯定是个动词。"不德"是看不出他有道德,也就是不表现出道德。因为大道就是一视同仁,无所谓德不德的。一到被人看出来,那就是在某个方面有所显露了,不能保持大道的普施性了。所以说,上等的道德是不显示道德,正因为如此才是真正有道德。

"下德不失德,是以无德。""不失德"从自己本身讲,是守住道德,从表现上讲是被人看出了有道德,与大道的普施性不一致了,这就与上德差一等了。所以说,下等的道德是显出了道德,正因为如此就没有道德了。

"上德无为而无以为。""无为"是自然而为。"以为"是因为什么而为。"无以为"是不因为什么而为。因为什么?主要是想有道德,所以"无以为"是按没有想有道德的想法去做,简单点说就是无意而为。句谓,上等的道德是自然而为,而无意而为。有了想有道德的想法,那就破坏了大道的自然性。

"下德为之而有以为。""为之"是按道德去做。"有以为"就是有意而为,即有意按道德去做。句谓,下等的道德是按道德去做了,是有意而为。

"上仁为之而无以为。""为之"是去做它。做什么？就是做那个"仁"。句谓，上等的仁是按仁去做，但还不是有意地去做。到这里我们可以看出，老子划分等次的标准主要有两项，一是"为"与"无为"，二是"有以为"与"无以为"。"无为"保持了大道的普施性，"为"破坏了大道的普施性。"无以为"保持了大道的自然性，"有以为"破坏了大道的自然性，如果是按照不同的标准要求去为，那就等次更多了。前面说的上德、下德，无论是"为"与"不为"都是以道德为标准。到了"仁"，换了以仁为标准，这就连下德也不如了。上仁虽然"为之"，破坏了大道的普适性，但它的"无以为"还保持了大道的自然性。

"上义为之而有以为。""义"可理解为正义。句谓，上等的义，按义的要求去做，而是有意地去做。"义"又破坏了大道的自然性。

"上礼为之而莫之应，则攘臂而扔之。""莫之应"是得不到人们的响应。礼是按尊卑贵贱规定出来的外在形式上的要求。一般人都是按照自己的真情实感自然而然地去生活，不会处处去考虑这些要求，所以说礼的要求得不到人们的响应。"攘臂"是揎拳捋袖。"扔"一本作"仍"。"扔"是生拉硬拽的意思。"攘臂而扔之"是硬性规定强迫人们按礼去做。句谓，上等的礼仪是按礼去做，如果得不到人们的响应，就死拉硬拽地强迫人们按礼去做。这就不仅破坏了大道的普施性、自然性，完全降低到人为中去了。

"故失道而后德，失德而后仁，失仁而后义，失义而后礼。""失"是丧失。这几句是针对治国之术说的。句谓，所以说，丧失了以道治国，然后才用德治国；丧失了德，然后才用仁治国；丧失了仁，然后才以义治国；丧失了义，然后才以礼治国。老子在这里等而下之地罗列道、德、仁、义、礼，显然是认为最好的办法是用大道治国。社会上倡导的仁义礼等档次太低，不足道。

"夫礼者,忠信之薄,而乱之首也。""薄"是薄弱、淡薄。句谓,礼是忠厚诚实在人们身上淡薄了才倡导的,是造成祸乱的开端。这就不仅仅是说用礼治国水平低,而且有害了。"乱之首"上面已经说明了,因为礼是对人本性的一种扭曲,扭曲了人的本性,就乱了大道。至于为什么说礼是"忠信之薄",《韩非子·解老》篇里说了两句很深刻的话。他说:"礼者所以貌情也,群义之文章也。"意思是说,礼的作用是表达实情的,礼是把事情办合适的外在形式。也就是说,礼是实情的外现,是形式,能让人家知道你的真情,能把事情办得合宜。显然,礼就有了可操作性,一有了可操作性,虚情假意也可以用它来操作,反而真情实意倒用不着操作了。《庄子·庚桑楚》里说:"蹍市人之足,则辞以放骜,兄则以妪,大亲则已矣。"意思是说,踩了外人的脚,要向人家赔礼道歉,踩了兄弟的脚给他吹吹摸摸,踩了父亲的脚就什么表示也不用了。这就是说,真情用不着操作。冯梦龙在《古今笑》里说,常熟有个叫周木的人,他父亲早晨睡得正香,他敲开门进去问早安,他父亲没有理他。待一会他又去问安,被他父亲骂了一顿,说老人睡得好好的,你为什么老是来打扰。可见,真情实意一操作反而虚假了。人们常说"礼多人不怪"。这是指对外人而言,对家里人恐怕不适用。对外人适用的前提是对方是外人。把对方看成是外人的本身就是一种不信任,所以老子认为讲究礼仪那是忠厚诚信的淡薄后才使用。

"前识者,道之华,而愚之始也。""前识"指的是先见之明。"华"同花,与果相比,花为虚,果为实;花为表,果为里;花为形,果为体。句谓,先见之明,是大道开的花,愚昧的开始。意思是说,前识只不过是大道的表面现象,还不是大道本身,倡导这些东西是愚昧的开始。老子认为先见之明,确实是大道的一种属性,但不能与大道本身相比。为什么又说它是愚昧的开始呢?韩非子举了个精彩的例子:"詹何坐,弟子侍,有牛鸣于门外。弟子曰:'是黑牛也,而白在其题。'詹何曰:'然,是黑牛也,而白在其角。'使人视之,果黑牛而以布裹其角。以詹子之术婴众人之心,华焉殆矣。故曰道之华也。尝试释詹子之察,而使五尺之愚童子视之,亦知其黑牛而以布裹其角也。故以詹子之察,苦心伤神,而后与五尺之愚童子同功。是以曰愚之首也。"意思是说,詹何坐在屋里,他的学生陪着他站在旁边,听见门外有牛在叫。学生说:"这是一条黑牛,头顶上有一块白。"詹何说:"对,是一条黑牛,但白的颜色在牛角上。"派人出去一看,果然是一条黑牛,牛角上裹着一块白布。用詹子这种先见之明去扰乱人心,就要重视虚花造成危险了。所以说是大道的虚花。如果大家放弃詹何这种先见之明,让一个三尺高的(古代尺小)傻孩子去看一看,也会知道是一条黑牛头上裹了一块白布。所以,按着詹何这种明察去做,劳心伤神,然后才与一个三尺高的傻孩子得到同样的效果。因此说,先见之明是愚蠢的开始。也就是说,把大量精力花在先见之明上,哪如亲自去看一看。这还不够愚蠢吗?

"是以大丈夫处其厚不居其薄。""大丈夫"相当于杰出的人。"处"与"居"都是立足、立身的意思。"厚"是厚重,"薄"是轻薄。句谓,因此,杰出的人要立足于重厚上,不立足于轻薄上。

"处其实不居其华。""实"是实质,"华"是形式。句谓,立足于真实,不立足于虚花。

"故去彼取此。"这一句的字面义"彼"指"薄"与"花","此"指"厚"与"实"。但薄与花指的是仁义礼智,厚与实指的是道德。句谓,所以要舍弃仁义礼智,选取道德。

这一章老子批判了仁义礼智(前识含有智的意思)的治国之术,但他不是不要仁义礼智,从"道之华"中可以看出,仁义礼智是大道的外在表现,不是大道本身。用大道治国,这些外在表现也会同时存在，但不能本末倒置。

儒家倡导仁义礼智信。老子没有批判"信"，显然老子不是不知道还有信的说法，他认为信还是要的，他讲"厚"，讲"实"，实际上是对诚信的肯定。但他认为"信"也不能用以治国，在前文里他一再说"信不足焉，有不信焉"。

这一章从道德与仁义礼智的对比中肯定了大道治国的惟一合理性。

第三十九章

昔之得一者,天得一以清,地得一以宁,神得一以灵,谷得一以盈,万物得一以生,侯王得一以为天下贞。其致之,一也。天无以清将恐裂,地无以宁将恐发,神无以灵将恐歇,谷无以盈将恐竭,万物无以生将恐灭,侯王无以贞而贵高将恐蹶。故贵以贱为本,高以下为基。是以侯王自谓孤、寡、不谷。此非以贱为本邪?非乎?故致数舆无舆。不欲碌碌如玉,珞珞如石。

【译文】

过去那些得到阴阳统一的,天得到统一,因此清明;地得到统一,因此安宁;神得到统一,因此灵应;川谷得到统一,因此满盈;万物得到统一,因此生存;王侯得到统一,因此成为天下之正。致使它们能够如此的,都是因为阴阳的统一。天如果没有统一形成的清明,恐怕要分裂;地如果没有统一形成的安宁,恐怕要崩溃;神如果没有统一形成的灵应,恐怕要停歇;川谷如果没有统一形成的满盈,恐怕要枯竭;万物如果没有统一形成的生存,恐怕要灭亡;王侯如果没有统一形成的天下之正而高贵,恐怕要垮台。所以说,贵要以贱为根本,高要以低为基础。因此王侯自称"孤、寡、不谷"。这不正是以贱为本吗?不是吗?所以说很多车的零件分开就没有车了。因此既不要想做高贵的美玉,也不要想做低贱的石头。

【讲疏】

这一章的难点是"一"的含义。《老子》书里用了很多"一",有"抱一"、"混一"、"道生一"等。这个一都指的是统一,用现在的话说,万事万物无不一分为二,但对立双方是一个统一体。用古代的话说就是一物一太极,太极是阴与阳的一个整体。不能拆开,一拆开这个事物就毁了。想让它不毁就得保持统一。万物都是从大道中生出来的,生出来就是一个整体,不论是什么东西,它本身虽然有阴与阳的两面,但从大道中生出来的时候是一个统一体,就得按这个统一体存在。这就是所谓的道生一。王弼说:"一,数之始而物之极也。"意思是说,一是数目的开始,是万物最早的产生。"道生一",一不是道,而是道所生。物开始就是一个整体。理解了"一",才能理解这一章。

"昔之得一者。""昔"是昔日,过去。句谓,过去得到统一体的万事万物。

"天得一以清,地得一以宁,神得一以灵,谷得一以盈,万物得一以生,侯王得一以为天下贞。""以"是因此的意思。"宁"是安宁。"灵"是灵应。"生"是生存。"贞"帛书本作"正",贞即正,义同。天有天的阴阳,地有地的阴阳,神有神的阴阳,谷有谷的阴阳,物有物的阴阳,侯王有侯王的阴阳。句谓,天是一个统一体因而才能清明,地是一个统一体因而才能安宁,川谷是一个统一体因而才能满盈,万物各自都是一个统一体因而才能生存,王侯是个统一体因而才能成为天下之正。这个统一体都是从道中得到的。

"其致之,一也。""其"指代的是它们。"致"是致使的意思。"之"指代的是"清"、"宁"、"灵"、"盈"、"生"、"贞"。句谓,致使它们能够清、宁、灵、盈、生、贞的就是这个统一性。王弼本作"其致之",没有"一也"二字,但王弼自己的讲解是"各以其一,致此清宁灵盈生贞"。

他的意思是说"其"指代的是一。"其致之"是说,这个一,致使它们有了清宁灵盈生贞。虽然文异,意思不变。

"天无以清将恐裂。""无以清"是"无一以清"的省略,下面的话都如此。句谓,天如果没有统一性形成的清,恐怕要分裂。天也有自己的阴阳,它有阴有晴,有高有低,有左有右等等,但它是个统一体,它的统一性才使它成为清明的天。如果只阴不晴,或只晴不阴,清明也失去了,阴阳也拆开了,天也不存在了。

"地无以宁将恐发。""发"是喷发。成语里说"天崩地裂",那是因为这样说平仄顺口,没有平仄要求,可以说成天裂地崩。发是喷发,也就是地崩。句谓,地失去了统一性形成的安宁,恐怕要崩溃。

"神无以灵将恐歇。""神"就是鬼神之神,老子认为有神存在。神的功能就是灵。句谓,神如果没有统一性形成的灵应,恐怕要不灵了。"歇"是停止。神都不存在了,功能也就消失了。

"谷无以盈将恐竭。""竭"是枯竭、竭尽。句谓,川谷如果没有统一性形成的满盈,恐怕要枯竭。谷也有自己的阴与阳,阴与阳一拆开就不成其为谷了,它的满盈功能也随之失去。

"万物无以生将恐灭。""万物"指的是万物之中各自的个体。句谓,万物各自如果没有统一性形成的生存,恐怕要灭亡。万物各自分为阴阳,阴阳合一才是个活的物体,一分离就会死亡。

"侯王无以贞而贵高将恐蹶。""蹶"是跌倒、垮台。句谓,王侯如果没有统一性形成的正,自以为高贵,恐怕要垮台。

以上举出了六个例子,从正反两个方面论述了阴阳合一的重要性。说明万物都是正反两个方面的统一体,这个统一体不能拆开,只要一拆开,本身就不能存在,它的功能表现就会随之消失。

"故贵以贱为本,高以下为基。"句谓,所以说尊贵以卑贱为根本,高以低为基础,这个道理已经被无数的事实证明了。不过老子要说明的是统一性的重要。他认为贵与贱、高与低也都是统一的。双方相互依存,互为条件,只不过是从高贵的角度去说明。

"是以侯王自谓孤、寡、不谷。""自谓"是自称。"孤"、"寡"、"不谷"都是帝王自我的称谓。孤的含义是孤立无助。寡的含义是寡德,道德不足,不称职。不谷的谷,繁体是"穀",穀是善的意思,不谷是不善、不好的意思。总之,都是一种自谦的说法。句谓,因此王侯自称为孤、寡、不谷。不敢妄自尊大。

"此非以贱为本邪?非乎?"这一句是从正反两个方面反问。句谓,这难道不是以贱为根本吗?不是这样吗?第一句是正面的反问,"非乎"是反面的反问。

"故致数舆无舆。""致"是到跟前的意思。"数"是点数。"舆"是车,河上公本"舆"作"车"。河上公本虽然讲错了不少,但这一句讲得意思对。他说:"致,就也,言人就车数之,为辐、为轮、为毂、为衡、为舆,无有名为车者,故成为车。"意思是说,致是到跟前,这是说人到车前去点数的话,这是车辐,这是车轮,这是车毂,这是车衡,这是车厢,没有哪个零件叫车的,所以才组成为车。句谓,所以说到车前点数车的零件,一样样分开,就没有车了。车也是个统一体,不能拆开。这与老子的论点才合。这种观点在《庄子》里多次提到。如《则阳》篇里说:"今指马之百体而不得马,而马系于前者,立其百体而谓之马也。是故丘山积卑而为高。江河合水而为大。"意思是说,现在指点马身上的各个部件,都不是马。一匹马牵到面前,指的是把各个部件合成一个整体才叫做马。所以说,山是从低处累积起来成为高,长江、黄河是合并了众多支流才成为大。老子的"数",庄子换言为"指"。可知"数"就是点数,不是数词,是动词。

"不欲碌碌如玉,珞珞如石。""碌碌(lù)"是玉石美好的样子,显得高贵。"珞珞(luò)"是石头丑陋的样子,显得卑贱。句谓,贵与贱是个统一体,所以就不要想像玉那样高贵,也不要想像石那样卑贱。总的说还是要保持贵与贱的统一。

　　这一章论述事物的统一性,指出对立双方的统一是事物存在的基础。

第四十章

反者道之动,弱者道之用。天下万物生于有,有生于无。

【译文】

向对立面转化,是大道的运动规律;柔弱,是大道发挥作用的方法。天下万物从实有中产生,实有从虚无中产生。

【讲疏】

这一章揭示了深刻的哲理。句子不多,内涵丰富,是理解老子思想很重要的一章。

"反者道之动。""反"是相反方向,"动"是运动。句谓,向相反方向运动是大道运行的规律。这个反方向指的是对方,是就事物本身的两个方面讲的。用现代的话说就是,向对立面转化是大道的运行规律。我们现在说,向对立面转化是有条件的。于是有人认为老子的"反者道之动"是无条件转化。这好像不大合乎老子哲学的实际。其实老子认为转化也是有条件的,不过他说的条件是自然条件,不是人为条件。自然条件就是"物极必反"。不极不反。在第三十六章里说:"将欲歙之,必固张之;将欲弱之,必固强之;将欲废之,必固兴之;将欲夺之,必固与之。"这还不是在给对方制造条件吗?这个条件不就是把对方推到极处吗?老子只不过是认为自然条件不可抗拒,人为条件是有条件的条件。因此特别重视自然条件。一个桃子熟透了自然会从树上掉下来。在没有熟透以前,人当然也可以把它摘下来,但人必须具备足够的高度和足够的力量等等。比较起来自然条件更为重要,并不是完全否定人为条件。"反者道之动"说的是自然条件,自然运动规律。顺应自然运动规律,人为条件更容易发挥作用。因为自然条件不可抗拒,人为条件能够抗拒,所以才讲这个不可抗拒的规律。不可抗拒的条件知道的人不多,可以抗拒的条件谁都知道,又何必老子来讲?

"弱者道之用。""弱"是柔弱。"用"是作用。句谓,柔弱是大道发挥作用的方法。大道用这种方法发挥作用,这种作用不可抗拒,人想发挥自己的作用,就要认识到柔弱胜刚强的方法是个根本的方法。这也不是让人一点硬朗气也没有,一味地柔弱,而是告诉人们,人为的强硬抗拒不了大道的柔弱,只能抗拒人为的强硬。老子一再用水来比喻大道,就是因为水有柔弱的特性,水顺势婉转,但谁也挡不住它向大海流。鲧用强硬的办法去堵水,结果把自己堵到殛山上去了,水还是向大海流。大禹用疏导的方法,把水送入大海,大禹成功了。

"天下万物生于有。"这两句涉及到老子哲学中的宇宙本体论、发生论。万物从哪里来?老子认为万物只能从实有的物质中来,在《庄子》里对这个问题做了大量的论述,认为物质只能从物质中来,甚至假托孔子的话说,没有父亲怎么会有儿子,没有爷爷怎么会有父亲。照此推下去,物质只能从物质中来。

"有生于无。"句谓,最初的有从哪里来,只能从无中来,就是说最初的物质只能从无中来。也就是说,宇宙的有物质状态是从无物质状态中产生出来的。庄子在论述中认为,有和无是个对立的存在,没有无也就不存在有,有与无相互转化,有只能从无中转化出来。这是从理论上去推,应当如此。老子说的"无"指的是无物质状态,不是绝对的无。这个无物质状态的宇宙就是大道的本体。大道的本体是"有"与"无"的对立统一。只不过还没有分化,一分化就同时产生了有和无,同时产生了物质和精神,没有谁先谁后的问题。

这一章说明大道的运行规律和方法。

第四十一章

上士闻道,勤而行之;中士闻道,若存若亡;下士闻道,大笑之,不笑不足以为道。故建言有之,明道若昧,进道若退,夷道若纇,上德若谷,大白若辱,广德若不足,建德若偷,质真若渝,大方无隅,大器晚成,大音希声,大象无形,道隐无名。夫唯道,善贷且成。

【译文】

上士听到大道,勤奋地去实践;中士听到大道,半信半疑;下士听到大道,大笑荒唐。如果不被嘲笑,那也就不值得称为大道了。所以古人立论中有这样的话:明明白白的大道好像昏昧不明,在大道上修进好像是在退步,通顺的大道好像不顺,上等的道德好像虚谷,最大的洁白好像有污染,广大的道德好像不足,建立道德好像在偷减,纯真的本质好像变了不像,大的方正没有棱角,大的器物很晚才能造成,大的声音听起来稀微,大的形象看起来无形,大道潜隐没有名声。然而只有大道善于施予而成就万物。

【讲疏】

这一章的障碍主要在文字上。下面分别训解。

"上士闻道,勤而行之。""上士"就是上等的士人,士人大约相当于我们说的知识分子。"勤"相当我们说的勤奋,"行"是实行,实践。

句谓,上等的士人听到了大道,就勤奋地去实行。

"中士闻道,若存若亡。""亡"同无。"若存若亡"字面义是似有似无,但与上士"勤而行之"的行为排在一起就指人的做法了,成了将信将疑的意思。句谓,中士听到了大道将信将疑。

"下士闻道,大笑之。""之"指代大道。句谓,下士听到大道大笑它。为什么要笑?因为认为荒诞可笑。到这里,我们知道老子把人分为三类,一类悟性高的人是深信不疑,二类一般人是半信半疑,三类悟性低的人是完全不信。这是语言在具体环境里的语境义。

"不笑不足以为道。"紧承下士而言。句谓,下士如果不笑的话,也不足以称之为大道了。悟性低的人只能理解浅近的道理,浅近的道理不成其为大道。

"故建言有之。""建"是立,"言"是言论,"建言"不是古代的一本书,而是立论的意思。句谓,所以,古人立论里有这样的说法。下面十二句就是古人的说法。

"明道若昧。""昧"是昏暗不明。句谓,明明白白的大道好像昏昧不明。明明白白是对上士说的,昏昧不明是对中、下士说的。不好理解故昧。

"进道若退。"句谓,进修大道好像是在退步。老子在第四十八章里说"为学日益,为道日损",可以互证。"进道"是对上士说的,"若退"是在中下士的眼里看像退步。

"夷道若颣。""夷"是平。"颣(lèi)",《说文》说是丝结,就是丝上的疙瘩,有疙瘩就不顺了。夷与颣对举,可知夷主要取的是平顺义。句谓,平顺的大道好像是不顺。大道无所不通故平顺,但大道又反着动,故若颣。平顺对上士而言,若颣对中下士而言。

"上德若谷。""谷"是虚谷。句谓,上等的道德好像虚谷,无所不容。

"大白若辱。""辱"是污辱。句谓,最洁白的东西好像有污染。水是最洁白的但看着不白。这当然是比喻大道。大道和光同尘看着不洁白。

"广德若不足。""不足"是缺少。句谓,广大的道德好像缺少点什么。广德体虚故若不足。

"建德若偷。""建"是建立、树立。"偷"是偷减,进道若退,故言建德若减,其他说法,太绕弯子。句谓,树立道德好像是偷减。

"质真若渝。""渝"是变,不像。句谓,实质纯真反而好像变得有点不像。假冒伪劣的东西特别注意仿真,真的东西反而不大注意外人眼里的真假。

"大方无隅。""隅"指棱角。句谓,大的方正没有棱角。棱角太大,棱角上的一点比一般的平面还大,也就看不出棱角了。

"大器晚成。""器"是器物。句谓,大的器物制造出来的时间长所以晚。

"大音希声,大象无形。"句谓,大的声音听起来好像没有声响,大的形象看起来好像没有形象。这两句前文里已多次出现。

"道隐无名。""隐"是潜藏。句谓,大道潜隐没有名声。这一句前文也出现过。

"夫唯道,善贷且成。""善"是擅长。"贷"是给出,施予。句谓,只有大道最能施予,成就万物。

这一章说明事物的实质与表面现象不同。告诉人们要透过现象去看本质。

第四十二章

道生一,一生二,二生三,三生万物。万物负阴而抱阳,冲气以为和。人之所恶,惟孤、寡、不谷,而王公以为称。故物或损之而益,或益之而损。人之所教,我亦教之。"强梁者不得其死",吾将以为教父。

【译文】

大道生一,一生二,二生三,三衍生万物。万物背负着阴,怀抱着阳,阴阳二气在冲虚中,统一达成和谐。人们所厌恶的孤、寡、不谷,而王公却用它们作为自己的称号。所以,事物有时减损它反而使它得到增益,有时增益它反而使它受到减损。前人所教导的,我也用来教导别人。"强横的人不得好死",我要把它当成有益的教导。

【讲疏】

这一章得说出个一二三来。

一二三总的说是老子认为的大道化生万物的过程,有第一步、第二步、第三步的意思。一二三又是具体的数目,有具体所指。它的具体所指前人有不同说法。我们筛选一种较为有据的解释。《周易·系辞》里说:"太极生两仪,两仪生四象。"四象的具体所指就多了,但太极两仪还是很明确的。据此,可以说老子说的一相当于《周易》的太极,说的二相当于《周易》的两仪。太极是宇宙阴阳未分的阶段,两仪是天地开辟阴阳分立的阶段。再往后就是天地化生万物，天地与万物就是《周易》说的"三才"，三指的是三才。但《周易》里还说"三五以变"，三是衍生的开始。老子把这两层意思放在一起说，又加入了衍生过程的内容，那么三可以理解为阴阳直接化生物种的阶段。阴阳化生出具体的物种，具体的物种自己滋生后代，就进入了自身繁衍的阶段，那就是万物了。所谓三就是阴阳化生出物种到万物自身繁衍之前的阶段，所以才说三生万物。它的具体所指是阴阳和阴阳衍生的物种之和。三以前是永恒的存在。三之后的万物是短暂的作为过程的存在。天地虽然也属于物的范畴，但老子说天地"不自生"，它与自我繁衍的万物显然不同，所以才划分出个二来，二这个阶段仍不失为永恒，故老子主张用"负阴而抱阳，冲气以为和"的办法去养生。

"道生一。"句谓，大道生出一。"一"即太极，是阴阳未分的统一体。《周易》直接从太极开始解释宇宙的生成，老子说在太极之前又有一个"道"。道是什么？道家把这个道套入易的哲学体系里，就成了"无极生太极"，道就相当于道家讲的无极。

"一生二。"此句字面义就是，一生出二。内涵就是，太极生出两仪，两仪就是阴阳，阴阳最大的具象就是天地。阴阳是由太极裂变出来的。

"二生三。"此句字面义是，二生出三。内涵就是，阴阳直接化生物种。阴阳与物种之和为三。这个阶段是物种的产生，阶段也相当漫长。

"三生万物。"此句字面义是，三生出万物。内涵就是，物种自身繁衍产生万物。

"万物负阴而抱阳。""负"是背负。"抱"是怀抱。句谓，万物都是背负阴，怀抱阳。也就是说，前为阳，后为阴。说"负"说"抱"主要是要强调阴阳不能分离，任何物的本身都是阴与阳的统一体。

以上三句可概括为：大道生太极，太极生两仪，两仪生物种，物种生万物。

"冲气以为和。""冲"的主要意思就是虚，不是冲荡。冲荡的冲繁体作"衝"，简化之后才混用一个"冲"字。《老子》第四十五章里说："大盈若冲，其用不穷；大直若屈，大巧若拙，大辩若讷。"冲与盈对举，直与屈对举，巧与拙对举，辩与讷对举，都是反义关系。盈是满，冲就是不满，虚的意思。有老子自己的用例，其他的解释我们就不必考虑了。当然，这个冲说的是气，气是阴阳二气，阴阳二气之间虚，是为了避免二气之间的争斗，冲在这个语境里有统一的意思。"和"是和谐。句谓，阴阳二气冲虚统一保持和谐。也就是说，万物得以生存的状态，自然赋予的就是这种"负阴抱阳、冲气以为和"的样子，能保持这种状态就合乎自然，就能生存，违背了这种状态就要毁了。与第三十九章讲的"万物得一以生"前后相互说明。这里具体告诉人们什么叫做"得一"。

"人之所恶，惟孤、寡、不谷，而王公以为称。""恶"是厌恶。这一句在第三十九章里出现过相同的意思。句谓，人们最不喜欢的是孤独无助、缺德寡道、不好不善这些东西临头，可是高贵的王公却用孤、寡、不谷称呼自己。这是一种自谦自卑的做法。

"故物或损之而益，或益之而损。""或"是有时。"益"是增益。"损"是减损。句谓，所以说，事物有时你想减损它，它反而得到增益；你想增益它，它反而受到减损。

"人之所教，我亦教之。""教"就是教导。此句字面义是，人们用来教导人的话，我也拿来教导人。其含义是，古人教导人的经典格言，我拿它来证明我的观点。见下文。

"强梁者不得其死。""强梁"义同今天说的强横。句谓，强横的人不得好死。"得其死"是能够正常死亡，"不得其死"是得不到正常死亡。这一句是引用古人的格言。

"吾将以为教父。"以上几句焦竑有解释,他说:"木绝水曰梁,负栋曰梁,皆取其力之强。金人铭曰:'强梁者不得其死。'盖古有是语,而老子取之,故曰我亦教之也。母主养,父主教,故言生则曰食母,言教则曰教父。"意思是说,梁是什么意思?桥横架在河道上叫梁,托起檩子的大柁叫梁,梁是强有力的意思。《金人铭》里说"强横的人不得好死",古代就有这样的说法。老子用来说明自己的看法,所以说我也这样教导人。母亲主要是生养孩子,父亲主要是教导孩子。所以一说生养的问题老子就说"食母",一说教导的问题老子就说"教父"。"教父"说的是教导如父,指的是有益的教导。所以这句话可以理解为,我把这句话当做对人有益的教导。

这一章说明大道化生万物的过程。人的自然禀赋,及先贤的教导,证明"弱者道之用"的观点。

第四十三章

天下之至柔,驰骋天下之至坚。无有入于无间。吾是以知无为之有益。不言之教,无为之益,天下希及之。

【译文】

天下最柔弱的东西能在最坚硬的东西里奔驰。没有的东西可以进入没有空隙之中。我因此得知自然无为的好处。没有言辞的教化,自然无为的好处,天下很少有什么能赶得上它。

【讲疏】

这一章的"至柔"与"无有"是难点。

"天下之至柔,驰骋天下之至坚。""至"是最为的意思。"驰骋"是奔驰的意思。句谓,天下最为柔弱的东西能在最为坚硬的东西里穿行,畅通无阻,纵横奔驰。这个"至柔"的东西是什么呢?前人举了水、气等。这都不大贴切。还是庄子体验深一些。他在《在宥》篇里用了一段老子回答崔瞿的话来描写。"老聃曰,女慎,无撄人心。人心排下而进上,上下囚杀,淖约柔乎刚强,廉刿雕琢,其热焦火,其寒凝冰。其疾俯仰之间而再抚四海之外。其居也,渊而静;其动也,县而天。偾骄而不可系者,其唯人心乎!"意思是说,老子讲过,你可要小心,不要去挑逗人心。人心都是推下进上,上下杀害。看着柔顺却能胜过刚强,有棱有刃,能刻能削,热如烈火,寒如凝冰。要快起来,俯仰之间就能在四海之外打个来回，静止的时候渊深静谧，活动起来悬腾上天。亢奋骄纵不可约束的，恐怕就只有人心吧！这段话即使是庄子的假托，也能生动地说明老子的"至柔"、"无有"指的是人心。用今天的话说，是指人的思想活动、精神活动。所以才说它至柔，却能在最坚硬的东西里东奔西突。

"无有入于无间。""无有"是非物质性的东西。"无间"是没有间隙。能进入没有间隙的东西就是人的精神。老子认为精神具有比物质更大的力量，只不过是古人把精神叫做人心。句谓，没有的东西可以进入没有空隙之中。也就是说，精神这种非物质、无形的东西可以自由进入任何的地方。

"吾是以知无为之有益。"句谓，我因此知道自然无为的好处，人心不能撩拨。在上面引的那段话的下面，老子还紧接着说了："当年黄帝开始用仁义挑逗人心，尧舜忙得大腿无肉、小腿无毛，来养活天下的人。忧心愁思地推行仁义，心气旺盛地制定法度，然而还是不能收拾人心。于是尧才把灌兜流放到崇山，把三苗遣送到三峗，把共工发配到幽都。这都是因为不能胜任收拾人心呵。到了夏商周三王时代，天下人心就惊扰得大乱了。下说有夏桀、盗跖，上说有曾参、史鳅，儒家、墨家都出来了。于是喜怒相互猜疑，愚智相互欺骗，好坏相互攻击，真假相互讥诮，天下风气变得衰败了。道德不能一致，性命真情受到伤害，变得散乱无收，天下喜好智巧，百姓追求私利无所不干。于是又用斧锯来制裁，用法律来刑杀，用锤凿来判决。天下纷纷大乱，罪过就在于挑逗人心。"人心不能挑逗，最好是让它平静下来，当然自然无为是最好的办法了。

"不言之教，无为之益，天下希及之。""希"是少的意思。"及之"是赶得上它。句谓，不用言辞的教化，自然无为的好处，天下没有什么东西能赶得上它。这也是针对仁义礼智治国的提法说的。用仁义礼智去进行教化，不如返真归朴的身教。仁义礼智带来的好处，远比不上自然无为带来的好处。

　　这一章用人心的难以控制说明不言之教、自然无为的好处。

第四十四章

名与身孰亲?身与货孰多?得与亡孰病?是故甚爱必大费,多藏必厚亡。知足不辱,知止不殆,可以长久。

【译文】

一个人的名声与身体,哪样更值得爱惜?身体与财货,哪样更为重要?得与失哪样更为有害?过分吝啬肯定会造成巨大的破费。过多的收藏肯定会造成巨大的损失。知道满足的人不受困辱,知道适可而止的人不会有危险,可以长久平安。

【讲疏】

这一章难点少,古今的讲解大体一致,注意一下词的古今义有不同,准确理解就可以了。

"名与身孰亲?""孰"是个表选择的疑问代词,一般作用是在列出几种情况下从中挑选出一种情况,相当于哪一种、哪一样。老子这里列出了两样东西。一个是"名",即人的名声、名誉,就是知识分子最热衷的那个东西。一个是"身",指自己的身体,自己本身,也就是自己的生命。"亲"形容词用如动词,是爱的意思。句谓,名声与自身哪一样更值得让人爱惜?回答不言而喻,当然是自己的命更为宝贵。

"身与货孰多?""货"是财货,即一般人最眼热的财物、利。"多"是形容词的引申用法,是重要、宝贵的意思。句谓,自身与财物哪一样更重要？回答也是不言而喻,当然是自己的命更宝贵。

"得与亡孰病？""得"是获得,"亡"是失去。"病"是动词的引申用法,是有害的意思。句谓,得与失哪一样更有害？照上例推,老子认为这也是不言而喻的,当然是得更有害。这个得与失是针对名与利来说的。有害是针对自己的生命来说的。

"是故甚爱必大费。""甚"是过分。"爱"与现代汉语的词义不同,是吝啬、吝惜的意思。"大费"是大大地破费。句谓,因此说,过分的吝啬,必定会造成巨大的破费。用通俗的话说就是,老是一毛不拔,肯定有让你出血的时候,等着吧！

"多藏必厚亡。""藏"是收聚敛藏。"厚"是副词用法,是多的意思。"亡"是损失。句谓,收藏太多,肯定会造成巨大的损失。河上公说:"生多藏于府库,死多藏于丘墓;生有攻劫之忧,死有掘冢探柩之患。"意思是说,活着的时候库房里收藏得太多,肯定招盗,有被抢劫的忧患;死了之后坟墓里埋藏得太多,肯定招贼,有被盗墓破棺的祸患。

以上两句解释为什么说得比失更有害。

"知足不辱,知止不殆,可以长久。""辱"是受困辱。"殆"是危险。"长久"针对"辱殆"来说是指长久平安。句谓,知道满足就不会受困辱,懂得适可而止就不会有危险,这样可以长久平安。

这一句是对上面几句的总结。

这一章说明知足知止是长久平安的法宝。

第四十五章

大成若缺,其用不敝;大盈若冲,其用不穷;大直若屈;大巧若拙;大辩若讷。躁胜寒,静胜热,清静为天下正。

【译文】

大成之体好像有欠缺,用起来不会破败;大的满盈好像有空虚,用起来不会有穷尽。大的直好像弯曲,大的巧好像笨拙,大的言辩好像不善说。动能战胜寒冷,静能战胜烦热。清静是天下的正常之道。

【讲疏】

这一章要注意老子讲的"大"。所谓大,是指超出常人理解的范围,进入更高一层的意思。

"大成若缺,其用不敝。""成"是成功、成就。"敝"是破败,河上公、王弼本作"弊"。句谓,高层次的成就好像并不完美,总像是有点欠缺,但使用起来却常用常新,永不破旧。这个"大成"是泛指,可以是器物,也可以是人的道德修养。从器物上说,大的器物在小用场上使不上,所以总是像有欠缺,但它起的是大作用,大作用决定了小作用的发挥,在起无形的作用,所以它常用常新,永不破旧。比如一个国家有了核武器,这个核武器在常规的战争里一点都使不上,但你这个国家如果没有核武器,人家就会肆无忌惮地收拾你,你那些枪炮子弹只能冒冒烟。如果手里有核武器,谁还敢把你逼到急处?胆也壮了,腰杆也硬了,你手里的枪炮子弹也就有了威力。相对于枪炮子弹来说,核武器就是大成之器,它以不用为用,当然是常用常新。对人的道德修养来说,高层次的道德修养与天地一致,日常生活里用不上,所以看着好像有欠缺,但它运作起来顺应自然,万物受益,比起日常讲几句礼貌语言等等不可同日而语。如果脱离了这种道德修养,讲几句礼貌语言就成了形式上的东西了。有了这种高层次的道德修养,礼貌语言才能发挥它的正常作用。道德比起讲礼貌语言来说就是大成。它也是以不用为用,所以常用常新,永不破败。

"大盈若冲,其用不穷。""盈"是满。"冲"是虚。"穷"是尽。句谓,大的盈满好像有虚空不足,但用起来不可穷尽。"大盈"也是泛指,可以指满盈的物,也可指充实的道德。照上面几句例推就可理解了。老子常用来比喻的是大海,大海永远比海岸要低,看起来虚空不足,但海水用起来却无穷无尽。因为低了水才往进流,水才用不尽。人的道德修养与此同理,所以才劝人心要虚。而常人只懂得越满越好,这正是老子要告诫人们的地方。

"大直若屈。""屈"同曲。句谓,高层次的直好像弯曲。

"大巧若拙。""拙"是拙笨。句谓,高层次的巧好像笨拙。

"大辩若讷。""讷"是不善辩说。句谓,高层次的雄辩好像不善说。

以上三句都是从高层次与低层次两个方面看。高层次的直是大直,那是总体上的直,一节一节去量有弯曲,但不失其大直。高层次的巧是大巧,是总体上的巧,一处一处地去看有笨拙,但不失其大巧。高层次的雄辩是大辩,是总体上的雄辩,一句一句去说有不善辩,但不害其大辩。反过来说,一节一节都直保持不了总体上的直。一处一处的巧保证不了总体上的巧。一句一句的雄辩保证不了总体的雄辩。总的原因就是眼光太小了,顾及不到大的方面。这一章老子要说明的重点不单纯是相反相成的问题,更主要的是让人们视野开阔一点,从总体上去把握事物,不要像常人那样陷在局部里跳不出来,所以才一再说大大大。

"躁胜寒,静胜热,清静为天下正。""躁"与"静"对举,就是动。"正"是正道、常道。句谓,动能战胜寒冷,静能战胜烦热,清静是天下的正道。身上寒冷了,活动活动可以暖和一点。身上燥热了,静下来待一会可以解除烦热。这是人人都知道的常理,不是老子要说明的重点,重点是动有动的用处,静有静的用处,但动静比较起来哪一样更为正常?人冷得坐不住了,才起来活动活动。正常条件下用不着起来活动,人热得烦躁了才坐下来静一静,不烦躁的时候是不是就运动不息呢?也不是,也会保持清静。相比而言,清静才是正常状态,动不是常态。所以才说,清静是天下的正常之道。从总体上把握动与静的道理,应当以静制动,动才有意义。既不是不要动,也不是只要静,而是认识到动静之间,静是主导方面。这是老子讲的动与静的辩证关系。

这一章说明从总体上把握动静之间的关系,清静是天下的正常之道。

第四十六章

天下有道,却走马以粪;天下无道,戎马生于郊。罪莫大于可欲,祸莫大于不知足,咎莫大于欲得。故知足之足,常足矣。

【译文】

天下有道,快马也会退役去往田里送粪;天下无道,战马会在战场上生马驹。没有什么罪恶比纵欲更大。没有什么灾祸比不知满足更大。没有什么灾害比贪得无厌更大。所以知道满足的满足,才能常常感到满足。

【讲疏】

这一章的难点是"粪"与"郊"的用法。

"天下有道,却走马以粪。""却"是退下来,"走"是跑的意思。"走马"指快马。"粪"是名词活用为动词,有的引文作"以粪车",意思更显豁一些,就是让马去拉送肥的车。但原文还是"以粪"好一些。虽然朱熹等认为"车"与下句的"郊"协韵,但"以粪"与下文的"于郊"句式更为整齐,换成"以粪车",句式都不整齐了,协韵的意义就不大了。句谓,天下如果有道的话,也就是说,天下如果治理得好的话,就没有战争,快马也可以退役去给田里送肥了。

"天下无道,戎马生于郊。""戎马"是战马。"郊"是郊野,指的是战场。韩非子讲成是"近郊"不合适。句谓,天下如果治理得不好的话,战争不断,战马会在战场上生马驹。在战场上生马驹的含义是,连怀孕的马也得去服役,别的马更不用说。以上两句是对有道与无道情况的形象说法。如果换用人来说的话就是,不打仗卓越的军事家也会回家种地,打起仗来农民也得去当兵。说明战争对经济破坏的严重程度。

"罪莫大于可欲,祸莫大于不知足,咎莫大于欲得。"这三句一是说明造成战争的原因,二是说明要从根本上消灭战争的方法是消除原因。"可欲"是有欲望。"不知足"是有贪心。"欲得"是想得到领土。"咎"是灾害。正是因为统治者有欲望、贪心、占有心理,才会发动战争。战争给人类带来的灾害、祸患和罪恶是最大的。所以才强调:罪恶没有比有欲望更大的,祸患没有比不知足更大的,灾害没有比贪得无厌更大的。也就是说,去除了欲望、贪心和占有心理就可以消灭战争的根源。

"故知足之足,常足矣。"这一句是以上几句的结论。意为,所以说知道满足的满足,才是经常的满足。有贪心欲望,想得到满足,永无止境,总是得不到满足。要得到满足就得知足,知足是去欲、去贪的最佳选择。

这一章说明知足常足的道理。

第四十七章

不出户,知天下;不窥牖,见天道。其出弥远,其知弥少。是以圣人不行而知,不见而名,不为而成。

【译文】

不出门,知道天下;不看窗外,能了解天道。出门越远,知道的越少。因此,圣人不必亲自行动,就能知道;不必亲眼见到,就能明白;不必亲自去做,就能成就功业。

【讲疏】

这一章的难点不在字句,而是对老子思想的了解。很多人认为老子的认识论是先验论,老子认为人的知识不是从实践中来等等。我们还是看一下老子的原文是什么意思。

"不出户,知天下。""户"是门。这句话的字面义不难理解,是说,不走出门就可以知道天下。

"不窥牖,见天道。""窥"是从孔隙里看。"牖(yǒu)"是窗。这句话的字面义是,不看窗外,就能了解天道。

以上两句的内涵是什么呢?首先,我们得搞清楚老子说知道的是什么?一是天下,二是天道。天下是天下的总体情况,天道是天的运行规律,用我们今天的话说,这都属于理性认识的范围。理性认识不能停留在感性认识上,得从感性认识上升华,因此纯凭感觉经验是靠不住的。陷在感觉经验里无法深入事物的本质,也认识不到事物的全面,反而会牵制人的理性升华。正是在这个意义上老子才讲"不出户"、"不窥牖",出户窥牖容易陷进感性认识里去,人对大道的认识陷入感性认识是办不到的。可见老子并不是在否定感性认识,也不是说认识可以不从实践中来,只不过是在强调对大道的认识,理性认识比感性认识更为重要。

王弼说:"事有宗而物有主,途虽殊而同归也,虑虽百其致一也。道有大常,理有大致,执古之道可以御今,虽处于今可以知古始,故不出户窥牖而可知也。"意思是说,事物都有本宗有主宰,走的道路不同,但可到达同一个目的地,思虑有千百不同结论也能归于一致。道有大常,理有大纲。掌握古代的大道可以驾驭现在,虽然处于现在,但可以推知古始。所以不出户窥牖而可以知道大纲大常。这还不是在说,认识规律性的东西,不能陷在殊途、百虑里,要从殊途、百虑升华为一致的总道理。

《韩非子·喻老》里说:"空窍者,神明之户牖也。耳目竭于声色,精神竭于外貌,故中无主。中无主,则祸福虽如丘山,无从识之。故曰不出于户,可以知天下;不窥于牖,可以知天道,此言神明之不离其实也。"意思是说,心的空窍是神智的门窗。如果耳目完全沉溺在外面的声色里,精神完全陷在对外貌的注意上,心中就没有主宰了。心里没有主宰,祸福即使像山那样大,也认识不到了。所以才说,不出门,可以知天下。不看窗外,可以知天道。这说的是神智不能离开事物的实质。韩非子认为,老子这两句强调的是,理性思考不能陷在感性认识的泥潭里,要把握实质去升华。

从上引两解可知,古人没有从老子的话里读出认识不是从实践中来的意思。

"其出弥远,其知弥少。""弥"是越,更加。此句的字面义是,出门越远,知道的越少。要注意老子这两句也是针对认识天下、天道说的。

"是以圣人不行而知,不见而名,不为而成。""名"同明,《韩非子·解老》引作"明"。此句的字面义是,因此,圣人不必亲自行动就能知道,不必亲眼见到就能明白,不必亲自去做就能成就功业。注意这几句的前提是明天下、天道的圣人。这个圣人指的是做了侯王的圣君明主。

《韩非子》举了些例子来说明:"赵襄主学御于王子于期,俄而与于期逐,三易马而三后。襄主曰:'子之教我御术未尽也。'对曰:'术已尽,用之则过也。凡御之所贵,马体安于车,人心调于马,而后可以进速致远。今君后则欲逮臣,先则恐逮于臣,夫诱道争远,非先则后也。而先后心在于臣,上何以调于马?此君之所以后也。'白公胜虑乱,罢朝,倒杖而策,锐贯颐,血流至于地而不知。郑人闻之曰:'颐之忘将何为不忘哉!'故曰其出弥远者,其智弥少。此言智周乎远,则所遗在近也。是以圣人无常行也,能并智,故曰不行而知;能并视,故曰不见而明;随时以举事,因资而立功。用万物之能,而获利其上,故曰不为而成。"意思是说,赵襄王向王子于期学习驾车技术,学会了之后与于期比赛,襄王换了三次马,三次都落在后边。襄王埋怨说:"先生没有把驾车的技术全教给我。"于期回答说:"我把技术全教给大王了,是大王使用的不当。驾车最重要的是马要与车适应,人心与马要协调,然后才能跑得快跑得远。现在大王的车跑在我的后边,心里老是想着要追上我;跑在我的前头,心里老是想着怕我追上。赶马上道比赛争远,不是跑在前就是跑在后,大王跑前落后,心里都想的是我,心还怎么顾得上与你的马协调?这是大王老是落后的原因。"白公胜心里想着要替父亲报仇,琢磨着要叛乱,连上朝都忘了,把马策倒挂在下巴上,马策刺破了下巴,血流到了地上都感觉不到。郑人听说了后说:"连脑袋破了都忘了,还有什么能不忘呢?"所以说,出去越远的人,他的神智越少。这是说神智跑得太远了,就忘了近身之事。所以圣人没有自己一定要做的事情,能够集中大家的神智,因此,不行动能够知道;能集中大家的视力,所以不去看能够明白;随情况去办事,借客观条件来立功,利用万物的作用,在上获利,所以说不亲自动手能成就功业。

　　首先,韩非子把"不出户"讲成是思想不外驰,这与老子的话不合。老子说的"不出户"就是足不出户。把老子的"其出弥远"讲成思想跑得越远,这也不合老子的原意。"其出弥远"指的就是走得越远。其他地方还是可以肯定的。"其出弥远,其知弥少"是说,走得越远见得越多,越容易陷入感性认识不能自拔,对天下、天道的认识就知道得越少。"不行而知,不见而明,不为而成",韩非子说成是"并智","并视","随时举事,因资立功",这种说法是正确的。"并智"是集中大家的智慧;"并视"是集中大家的眼光;"随时举事"是顺应客观,能办的去办,不能办的不办;"因资立功"是充分利用客观条件,凭借大家的力量去成就功业,所以才能不行而知,不见而明,不为而成。这样才抓住了老子论述的重点。一位帝王,事必躬亲,都要亲自看一看、听一听,哪里还有时间考虑大局?怎么可能知天下、悟天道?又有哪一位主张"实践出真知"的人会这样去干?老子在传大道,他觉得理性认识做起点就够低了,我们怎么能要求他先讲感性认识,再讲理性认识呢?

第四十八章

为学日益,为道日损。损之又损,以至于无为。无为而无不为。取天下常以无事,及其有事,不足以取天下。

【译文】

治学是知识一天天增多,修道是私欲一天天减少,减少了又减少,一直达到自然无为,自然无为就能无所不成。获得天下总是要靠清静无事,等到有所作为的时候,就不足以获取天下了。

【讲疏】

这一章的难点主要在"为学日益,为道日损"的诠释上。

"为学日益,为道日损。""为"是个广义的动词,用在学习上是治、研究的意思,用在道德上是进修的意思。"日"作状语,是一天天的意思。句谓,治学是一天天地增加,修道是一天天地减少。下面我们透析一下这句话的内涵。首先,老子既然把这两句话对比地摆在我们面前,显然要强调的主要意思是,这是截然不同的两种方法。另外,增加与减少的内容是不是相同呢?应当说有同有不同。不同的是,学要增加的是知识,这谁都清楚。修道要减少的是私欲,这在上几章里已多次说过。但两者既然并列在一起就有了联系。知识与私欲有什么联系?河上公说:"学谓政教礼乐之学也。"意思是说,学的知识是指政教礼乐的知识。这样讲符合老子当时的情况。正是在仁义礼乐等政教的主张甚嚣尘上的背景下,老子才站出来讲道,而仁义礼乐这些知识,老子认为它是煽情勾欲的东西,是俗学。所以,知识有俗学的内涵。知道了这些内容,我们就可以推知,老子不是要反对学习知识,也不是在说学习就不能修道。他主要是要告诉人们,修道是与学习截然不同的两种方法。不能用学习的方法去套用,一定要注意,不能从这两句里得出老子反对学习知识,或学习就不能修道的结论。客观点说,老子自己就是个非常博学的人。

"损之又损,以至于无为。"句谓,减损自己身上的私欲,再减损自身的私欲,一直达到彻底清除了私欲能够自然无为的程度。

"无为而无不为。"句谓,自然无为就能无所不成了,也就是说,能收其全功了。无为是顺应自然,自然是万物各自在求发展,蜎飞蠕动万物竞自由,这不是一个人的作为替代得了的。

"取天下常以无事。""取"就是获取、取得。句谓,取得天下常常要靠清静无事。这个"取"含义多些,可以指夺取天下政权,也可以指取得天下人的拥护,还可以指取得治理天下的效果。不管取得什么,但前提是清静无事。清静无事指的就是自然无为,不干预压制万物的自然发展。这就成了圣人,即使不当天子,也等于取得了天下。

"及其有事,不足以取天下。""及"是等到。句谓,如果要是用有所作为的方法那就不能取得天下了。这个"有事"的含义也多一些,可以指兴兵打仗,也可以指推行仁义,还可以指阴谋诡计等等。总之是在万物自然发展中插手了。如果说不插手也不一定取得天下,那么插手了就连取得天下的可能也没有了。

这一章说明取得天下的方法是自然无为。

第四十九章

圣人无常心,以百姓心为心。善者吾善之,不善者吾亦善之,德善。信者吾信之,不信者吾亦信之,德信。圣人在天下,歙歙为天下浑其心。百姓皆注其耳目,圣人皆孩之。

【译文】

圣人没有固定的心思,把老百姓的心思作为自己的心思。善良的人我待他善良,不善良的人我也待他善良,最后得到天下的善良。诚信的人我待他诚信,不诚信的人我也用诚信对待他,最后得到天下的诚信。圣人在天下,不显露自己的心愿,总是把天下人的心愿浑然一体作为自己的心愿。百姓都注视着他,圣人把百姓当成孩子看待。

【讲疏】

这一章问题较多,分别说明。

"圣人无常心。""常"有的本子作"恒",意思相同,这里都是固定不变的意思。句谓,圣人没有固定的心思,指的是圣人没有自己的心思。

"以百姓心为心。"句谓,圣人把百姓的心思作为自己的心思。

"善者吾善之。"前一个"善"是善良,后一个"善"是形容词的动词用法。"善之"是善良地对待他。这种用法可以叫做对动,是用善良去对待他。句谓,善良的人我用善良去对待他。

"不善者吾亦善之。"后一个"善"与上句的用法相同。句谓,不善良的人我也用善良对待他。如同人们常说的,你可以对我不仁,我不可以对你不义。这一句不能理解为,不善的人我也认为他善,也不能理解为,善恶都一样。这是造成混乱的主要原因。

"德善。""德"一本作得,作"得"较长,但古"德""得"可通。句谓,这样可以得到天下风气的善良。正是因为圣人以德报怨的做法,使不善之人受到感化变得善良。

"信者吾信之,不信者吾亦信之,德信。""信之"是用诚信对待他。"德信"是得到诚信。"德"同得。这几句与上面的句式相同。句谓,有诚信的人圣人用诚信对待他,不诚信的人圣人也用诚信对待他,这样就可得到天下风气的诚信。圣人有圣人的处世原则,以诚信待人,不能因为世上有不诚信的人自己就改变原则。如果别人以欺骗对待自己,自己也以欺骗对待他,还怎么教世化俗,所以不主张以眼还眼,以牙还牙。这不是什么好坏不分,也不是什么阿Q精神,如果别人不诚信,我也对他不诚信,那岂不是把自己的道德降低到与对方同等水平。既然彼此对等了,那连认为对方错了的权力也没有了,更谈不上去教化对方。所以"不信者吾亦信之"是不与不信者一般见识的意思。

"圣人在天下,歙歙为天下浑其心。""歙歙(xī)"的异文较多,《老子本义》作"惵惵",河上公本作"怵怵",《释文》作"惔惔"。此从王弼本,比较起来"歙歙"更好一些,上下文意能衔接在一起。"歙"是合住的意思,同"翕"。这在第三十六章的"将欲歙之,必固张之"里出现过。在这里是不显豁的意思。"浑"是浑沌为一个整体。句谓,圣人统治天下,不显豁自己的心愿,自己也没有什么特别的心愿,总是把天下人的心愿浑然一体作为自己的心愿。

"百姓皆注其耳目。""注"就是注视、瞩目的意思。这里还说到

"耳",还有听的成分。句谓,百姓都眼睛盯着你,耳朵听着你。说明圣人的一举一动与百姓息息相关。

"圣人皆孩之。""孩之"是意动用法,是以之为孩的意思。句谓,圣人把百姓当成孩子一样去关怀他,教化他,养育他。

这一章说明圣人无心,以天下百姓之心为心,用道德去教化百姓。

第五十章

出生入死。生之徒十有三,死之徒十有三,人之生,动之死地亦十有三。夫何故?以其生生之厚。盖闻善摄生者,陆行不遇兕虎,入军不被甲兵,兕无所投其角,虎无所措其爪,兵无所容其刃。夫何故?以其无死地。

【译文】

人从出生一直到进入死亡,能活的成分占三分之一,能死的成分占三分之一,人的生存,因自己的行为导致死亡的也占三分之一。这是为什么呢?是因为追求养生太多了。听说善于养生的人,陆地上行走遇不到兕牛猛虎,进入军队里受不利兵甲的伤害,兕牛无处顶触它的角,猛虎无处伸出它的爪,兵器无处刺入它的刃。为什么?因为他没有死处。

【讲疏】

这一章的难点是在后半部分。

"出生入死。"这是指一个人的一生,从出生到进入死亡的全过程。

"生之徒十有三。""徒"用如类,这里可理解为类别、成分,指人养生方式的不同类别。"十有三",王弼说:"十有三,犹云十分有三分也。"这是古人表达分数的方法。老子把人的一生大致分为三种情况,各占三分之一。如果按一生为十分的话,每种情况约合十分之三,这里当成三分之一理解就可以了。句谓,在人的一生中,能活的成分占三分之一。

"死之徒十有三。"句谓,能死的成分占三分之一。

"人之生,动之死地亦十有三。""动"是自己的行为。"之死地"是走向死亡。句谓,人的一生,因为自己的行为导致死亡的成分也占三分之一。

"夫何故?以其生生之厚。"前一个"生"是动词,是养生。后一个"生"是名词,是生命。"生生"指保养生命。"厚"是多,指养生太过分了。句谓,这是什么缘故呢?因为为保养生命而保养得太过分了。这包括想的办法太多了,忧虑得太多了,准备的条件太多了等等。不但没有好处,反而导致害生。

"盖闻善摄生者。""盖"是发语词。"摄生"即养生。句谓,听说善于养生的人。

"陆行不遇兕虎,入军不被甲兵。""兕虎"指猛兽。"被甲兵"是受到兵器的伤害。句谓,在陆地上行走不会遇到猛兽的伤害,进入军队里不会受到兵器的伤害。

"兕无所投其角,虎无所措其爪,兵无所容其刃。""投"是顶撞。"措"是放置。"容"是刺入。句谓,善养生的人身上,兕牛无处可以顶,猛虎无处可以抓,兵器无处可以刺。

"夫何故?以其无死地。"句谓,为什么会这样?因为他的身上没有死处。

以上的句意比较明确,但善养生的人为什么身上没有死处?这就解释不同了。河上公认为是"神明营护之"。王弼认为是"不以欲累其身",庄子则以为是"天守全"。《庄子·达生》篇里说:"子列子问关尹曰:'至人潜行不窒,蹈火不热,行乎万物之上而不栗,请问何以至于此？'关尹曰：'是纯气之守也，非知巧果敢之列。居，予语女。凡有貌象声色者，皆物也。物与物何以相远？夫奚足以至乎先？是色而已。则物之造乎不形，而止乎无所化。夫得是而穷之者，物焉得而止焉？彼将处乎不淫之度，而藏乎无端之纪，游乎万物之所终始。壹其性，养其气，合其德，以通乎物之所造。夫若是者，其天守全，其神无郤，物焉自入焉！夫醉者之坠车，虽疾不死，骨节与人同而犯害与人异，其神全也。乘亦不知也，坠亦不知也。死生惊惧不入乎其胸中，是故遻物而不慴。彼得全于酒而犹若是，而况全于天乎？圣人藏于天，故莫之能伤也。复仇者不折镆干，虽有忮心者，不怨飘瓦。是以天下平均。故无攻战之乱，无杀戮之刑者，由此道也。"意思是说，列子问关尹说："听说圣人潜入水里行走不会窒息，踩在火上而不热，行到万物的高端而不恐惧，请问为什么能达到这样的境界？"关尹回答说："这是保持住了天地纯真之气，不是什么智慧、技巧、勇敢之类的缘故。坐下来，我告诉你。凡是具有容貌、形象、声音、颜色的都属于物。物与物之间怎么会差得太远？凭什么有的物能超过其他物？这不过是个表面现象罢了。物都是从无形中生出来，然后休止在无所变化里。物得到大道给予的生命，保持生存到最后，什么东西能使他死去？他会处在恰如其分的分寸上，置身在无穷这个程序中，遨游在万物循环的机制里，使心性纯一，涵养正气，德性与天地相合，自身与造化万物自然相通。像这样的人，天性守得完全，精神没有漏缝，外物从什么地方侵入呢？喝醉酒的人，从车上掉下来，虽然也会受伤，但不会死。骨节与正常人相同而受到的伤害不同，就是因为他精神完足。乘在车上他不知道，掉下车也不知道，死生惊惧都不存在心里，因此碰在东西上心里不知道害怕。他因为喝醉了酒而获得了精神的完全还能如此，更何况是天性本身精神完足呢？圣人就是能藏身在天性里，所以没有什么东西能伤害他。报仇的人，不会去折断伤害过自己的宝剑,即使是爱记仇的人,也不会去忌恨被风吹下来碰伤过自己的瓦片。天下公平均等,没有攻战之乱,没有杀戮的刑罚,正是这种无心无为的道形成的。"

这三种解释,河上公所谓的"神明营护之",即有神在保护的说法不妥。河上公甚至把"十之三"讲成是人身上的"九窍四关",即两眼,两耳,两鼻孔,一口,前后阴和四肢,这都显然与老子的意思不合。王弼说的"不以欲累其身",即不因为追求欲望的满足牵累自己的生命,讲得有点接近。庄子说的"天守全",即天所赋予的天性持守得完整,回答比较直接。庄子说的关尹,就是老子为他写出《道德经》的关尹喜。如果庄子不是假托的话,关尹的说法才得到了老子的真传。关尹明确说,兵不杀、虎不咬等等,并不是有什么技巧、本事,而是因为无心无为,没人仇视,没有物忌恨,即人无害虎心,虎无伤人意。这就是"无死地"。庄子进一步夸张说水不淹、火不烧,庄子在别的篇里自有解释,说是至人顺物之性,根本就不接近死地。

这一章说明人的养生之道,提醒人们不要为养生而害生。

第五十一章

道生之,德畜之。物形之,势成之。是以万物莫不尊道而贵德。道之尊,德之贵,夫莫之命而常自然。故道生之,德畜之,长之育之,亭之毒之,养之覆之。生而不有,为而不恃,长而不宰,是谓玄德。

【译文】

道使万物得以产生,德使万物得以畜养。物使万物得以成形,形势使万物得以成熟。因此,万物没有不尊崇道和贵重德的。道的尊崇和德的贵重,正是因为没有人命令它,它本身自然而然如此。所以道产生万物,德畜养万物,道德使万物产生,使万物发育,使万物成长,使万物成熟,抚养万物,庇护万物。生育了万物而不占有,缔造了万物而不依赖,成就了万物而不主宰,这叫做玄德。

【讲疏】

这一章的动词用法较复杂,有意动、使动、主动等的不同,读时要注意。

"道生之,德畜之。物形之,势成之。""之"指代的是下文提到的万物。"畜"是畜养。"形"是成形。"成"是成熟。"物"是物质性的东西,如人的肌肉、血液、骨骼等,这些也是大道产生出来的。"势"是大道运动形成的形势,包括天时地利等。句谓,大道产生了万物,大道赋予万物的德性又使万物得到畜养。大道产生的物质性的东西又使万物得以成形而有体,大道运动形成的天时地利又使万物得以成熟。

"是以万物莫不尊道而贵德。""尊"、"贵"都是意动用法。句谓,既然万物的本原都是道德,因此万物无不以道为尊崇,以德为贵重。

"道之尊,德之贵,夫莫之命而常自然。""莫之命"的"之"指代的是道德,不是指万物。这个句式在第三十二章里出现过:"天地相合,以降甘露,民莫之令而自均焉。"指"莫令天地"。这一句是莫命道德。整个句子是说明自然而然是道德尊贵的原因。句谓,道的尊崇,德的贵重,正是因为没有人去命令道德,而道德经常是自然而然地运动。也就是说,道德如果受到驱使,带了目的,不是自然而然地运行,就不尊贵了。

"故道生之,德畜之,长之育之,亭之毒之,养之覆之。""亭之毒之"在河上公的本子里作"成之熟之",说明亭毒就是成熟的意思,形异义同。"覆"是覆盖,在这里是蔽护、庇护的意思。这几句的意思是说,虽然人们见到的也有"物形之"、"势成之",但物与势的根源也在道德,所以说是道使万物产生,德使万物得到畜养,道德使万物生长、发育、成熟,并对万物进行了养育和庇护。句中的生、畜、长、育、亭、毒都是使动用法。只有养、覆两个动词是主动用法。

"生而不有,为而不恃,长而不宰。"这几句解释道德常自然的做法。"有"是占有。"恃"是依赖。"宰"是主宰。句谓,道德"莫之命而常自然"的做法是什么样的呢?就是化生了万物,但不去占有;缔造了万物,但不去依赖;长养了万物,但不去主宰。

"是谓玄德。""玄"是隐秘而深微。"玄德"就是深秘的道德。句谓,大道的这种做法就叫做深秘的道德。以上说的虽然都是道德,但目的是让人向大道学习,培养这种深秘的道德。

这一章说明大道莫之命而常自然的玄德。

第五十二章

天下有始,以为天下母。既得其母,以知其子。既知其子,复守其母,没身不殆。塞其兑,闭其门,终身不勤。开其兑,济其事,终身不救。见小曰明,守柔曰强。用其光,复归其明,无遗身殃,是谓袭常。

【译文】
天下有源始,作为天下的母体。已从母体里得到了自身,就从中认识它的产物。知道了它的产物,又回去持守它的母体,终身就不会衰败。堵塞外流的口子,关闭外溢的门,终身没有劳苦。打开外流的口子,成就身外的事业,终身不可救药。看得见细微叫做清明,持守住柔弱叫做强大。使用它的光芒,又回归它的清明,不给自身造成灾殃,这叫做袭常。

【讲疏】
这一章的难点在于对喻体和所喻之物的理解,不能把喻体义当成本义。

"天下有始,以为天下母。""始"指的是来源。"母"指的就是产生的母体,即来源的本体,指的就是大道。老子认为万物都是从大道中化生出来,"母"比喻的就是大道,"天下"是指天下万物。句谓,天下万物都有一个本源作为产生自身的母体,这个本源就是大道。

"既得其母,以知其子。"母子比喻大道与万物的关系,万物如同是从大道母亲中生养出来的。"既"是已经,"得"是得到。句谓,已经从母体那里得到了自己的生命,就该从这种关系中去了解自己是大道母亲之子。

"既知其子,复守其母。"句谓,已经知道自己是大道母亲的产物了,就应该回去持守住自己的本源——大道母亲。不然就失去根本了。当然,既然从母亲身体里分娩出来,再想回到娘胎里去是不可能了,那么要守住的是什么呢?就是大道所赋予你的本性。

"没身不殆。""没身"与下文的终身同义。"殆"是衰败。句谓,这样才能终身不衰败。

"塞其兑,闭其门。""塞"是堵塞。"闭"是关闭。"兑"是用《周易·说卦》里的术语,《说卦》说"兑为口",在八卦里兑卦代表口象。这里与"门"互文,指的是出入口。句谓,堵住外流的口子,关闭外溢的大门。上文说了要守住,当然是不让向外流失。不让向外流失什么呢?当然是大道赋予你的本性。这个本性怎么会流失呢?主要是精神会向外流失。不是要人闭目塞听,而是让人守住完足的精神,不为外界的物欲所动。这就是庄子说的天性全,河上公说的"归元"。"口"和"门"都是喻体,比喻外流的渠道,不是指眼和口。

"终身不勤。""勤"与"殆"并列在一起,就是劳苦损伤的意思。句谓,自身的天性终身就不会因劳苦而损伤。

"开其兑,济其事,终身不救。""济"是成就。这一句又从反面说明,如果打开流失的口子,成就身外的事业,自身的天性就会流失,那就终身不可救药了。

"见小曰明。"此句字面义是能看见微小的事物叫做清明,但这里主要是指神智说的,意思是说,能洞察细微才算神智清明。《淮南子·道应训》里举了个例子:"鲁国之法,鲁人为人妾于诸侯,有能赎之者,取金于府。子贡赎鲁人于诸侯,来而辞不受金。孔子曰:'赐失之矣。圣人之举事也,可以移风易俗而受教顺,可施后世,非独以适身之行也。今国之富者寡而贫者众,赎而受金,则为不廉;不受金,则不复赎人。自今以来,鲁人不复赎人于诸侯矣!'孔子亦可谓知礼矣。故老子曰'见小曰明'。"意思是说,鲁国的规定有一条,谁能够从其他诸侯国里把鲁国在外当女奴的人赎回来,政府就发给他一笔奖金。孔子的学生子贡给赎回来一个女奴,但发给他奖金他不要。孔子就说:"子贡搞错了。圣人做事情是为了移风易俗,让人们顺利地接受教化,风气流传到后世,并不是仅为了给人好处。现在国里的富人少穷人多,赎回了人要奖金,只不过是个人品德不够清廉;不要奖金的后果会造成没人肯去赎人了。从今往后,鲁国人再也不会从其他诸侯国里去赎人了。"孔子可以算是知道礼制了,所以老子说"见小曰明"。这个例子说明,淮南子认为"见小曰明"是指能从细微处洞察事物的大道理,不是目见毫末叫做明。这个明是指眼明心亮、神智的清明。

"守柔曰强。"句谓,守住柔弱才叫做生命力强。还是讲的养生的问题。老子在第七十六章里说:"人之生也柔弱,其死也坚强;万物草木生也柔脆,其死也枯槁。故坚强者死之徒,柔弱者生之徒。"讲的就是生死问题。要保持生命的活力就要守住柔嫩,一僵硬就快死了。

"用其光,复归其明,无遗身殃。"焦竑说:"光者明之用,明者光之体。"精神清明是本体,光是清明的作用。养生的办法是保本体。句谓,使用精神清明的光照,还要回归到精神清明的本体,加以持守,不要给自身留下灾殃。

"是谓袭常。""袭"是蹈袭,走上了,相合了。"常"是生命的正常规律。"袭常"王弼本作"习常",指与正常相合。句谓,这就叫做走上了生命的正常规律。当然走上了正常规律就可以养生了。

这一章从生命的起源进一步说明如何养生。

第五十三章

使我介然有知,行于大道,唯施是畏。大道甚夷,而民好径。朝甚除,田甚芜,仓甚虚,服文采,带利剑,厌饮食,财货有余,是谓盗夸。非道也哉!

【译文】

如果我能独立做主推行大道,最怕的就是有所施为。大道很平坦,而百姓喜欢走小道。朝堂修治越整洁,田地越荒芜,仓库越空虚。穿上文绣的朝服,佩带利剑,饮食满足,财货有余,这叫做盗夸。不是道呵!

【讲疏】

这一章前人讲的与老子的本意脱节之处甚多。下面分别讲析。

"使我介然有知,行于大道。""介然"是独立不拔的样子,《周易·豫卦》:"六二:介于石,不终日。"孔子在《系辞下》里说:"介于石焉,宁用终日?断可知矣。君子知微知彰,知柔知刚,万夫之望。"孔子的意思是说,独立如巨石一般,怎么会去终日等待?一定会有他独立的见识。君子能察微知著,能柔能刚,就会抓住时机去行动,这是万民仰望的对象。"介"是能独立行动,不受牵制。"知"是过问、管的意思。古代的知事,就是管事。"有知"是有管理的权力,即能主宰。"使我介然有知"是说,如果我有独立主宰的权力,也就是说,如要我当权的话。这是老子的委婉说法,一般人会说成如果我当天子的话。"行于大道"是说,去推行大道。河上公注:"老子疾时王不行大道,故设此言。使我介然有知于政事。我则行于大道,躬无为之化。"河上公的解释较为恰当。

"唯施是畏。""施"是有所施为,不是什么走斜路等等。这个"施"下文还有做了些什么的具体内容,怎么可以乱讲?这一句与上面的句子是一个大的假设复句,连在一起是说,如果我有主宰权推行大道的话,最害怕的就是有所施为。老子说的施为指的是什么呢?就是下文提到的修宫殿、树形象、积财货、聚饮食等等。

"大道甚夷,而民好径。""夷"是平坦。"径"是小路、斜路。句谓,大道很平坦,而百姓却喜欢走小路捷径。意思是说,为什么我害怕有所施为呢?因为老百姓对帝王的施为很容易模仿。你修宫殿,百姓就修豪宅;你树形象,百姓就追求高档服饰,这很容易学。平坦大道他不走,都去找捷径去走了。

"朝甚除,田甚芜,仓甚虚。"这是指帝王施为的具体内容之一,指大兴土木修筑宫室。"朝"是朝堂。"除"是修治得很整洁。"芜"是荒芜。句谓,朝堂修治得非常好,造成的后果就是田地非常荒芜,仓库非常空虚。这还不是把百姓领到小路上去了吗?

"服文彩,带利剑。""服文彩"是指穿华丽的衣服。这也是指帝王施为的具体内容之一。用今天的话说就是搞形象工程,只不过古代的形象工程主要是对自己威仪的一种装饰。穿上讲究的文绣朝服,佩带上宝剑,搞这种威仪的形象工程,百姓也跟着为自己装饰打扮,这还不是把百姓领到小路上去了吗?

"厌饮食,财货有余。"这也是帝王施为的具体内容之一。"厌"是满足。"厌饮食"是说,给自己聚敛丰盛的饮食。"财货有余"是说,给自己聚敛用不完的财货。这种做法百姓还不会模仿?这还不是把百姓领到小路上去了吗?

"是谓盗夸。""盗夸"在《韩非子·解老篇》里引做"盗竽",说:"竽也者,五声之长者也,故竽先则钟瑟皆随,竽唱则诸乐皆和。"意思是说,竽是五声之长,竽一吹钟瑟都随着响起来,竽一唱众乐器就与它相和。即使韩非子见到的《老子》原文是"盗竽",这也有悖情理。竽是一种什么乐器?不就是一种像笙一样的管乐器吗?只有在竽独奏时才会如此,一般情况下不会这样。现在侯王的墓穴里挖出来的大型乐器都是钟磬和鼓,怎么会用竽做五声之长?这种违背常理的解释,显然是一种附会。竽是一种吹奏乐器,竽是鼓吹的意思。"盗竽"是对引人入盗做法的一种鼓吹,也就是为引人入盗的做法张目。"夸"是夸口,吹牛。"盗夸"是为引人入盗的做法在吹嘘。句谓,这叫做为引人入盗的做法在张目。

"非道也哉!"是个感叹句。句谓,这种做法不是大道呵!

这一章说明帝王的施为是在为引人入盗的做法张目,不是大道。

第五十四章

善建者不拔,善抱者不脱,子孙以祭祀不辍。修之于身,其德乃真;修之于家,其德乃余;修之于乡,其德乃长;修之于国,其德乃丰;修之于天下,其德乃普。故以身观身,以家观家,以乡观乡,以国观国,以天下观天下。吾何以知天下然哉?以此。

【译文】

会建立的人他建立的东西拔除不掉,会抱持的人他抱住的东西不脱落,子子孙孙祭祀不断。大道用以修养自身,自身的道德就会纯真;大道用以修养全家,全家的道德就会有余;大道用以修养全乡,全乡的道德就会丰足;大道用以修养全国,全国的道德就会丰盈;大道用以修养天下,天下的道德就会普遍。所以要以自身的修身之道去观察他身,以自家观察他家,以自乡观察他乡,以自国观察他国,以今日的天下观察将来的天下。我怎么知道天下会是这样的呢?就用的是这种方法。

【讲疏】

这一章的逻辑顺序内涵在句子里。怎样把大道推行到全天下?儒家也有同样的表述,《大学》《孟子》里都说先要从正心诚意的修身开始,然后一步步地去推广到齐家、治国、平天下。

"善建者不拔,善抱者不脱,子孙以祭祀不辍。""善"是善于。"建"是树立。"拔"是拔除。"抱"是抱持。"辍"是止。句谓,善于建立的人,他建立起来的东西拔除不掉;善于抱持的人,他抱住的东西不会脱落;能长久地流传下去,子子孙孙祭祀不绝。这个东西是什么呢?可以是泛指,但这里主要说的是政权。《韩非子·喻老》篇里举了个例子:"楚庄王既胜,狩于河雍,归而赏孙叔敖。孙叔敖请汉间之地,沙石之处。楚邦之法,禄臣再世而收地。唯孙叔敖独在。此不以其邦为收者,瘠也。故九世而祀不绝。故曰善建不拔,善抱不脱。子孙以其祭祀世世不辍,孙叔敖之谓也。"意思是说,楚庄王胜利后,在河雍一带打猎,回来以后要用土地奖赏孙叔敖,孙叔敖挑选了一块汉间的沙石贫瘠之地。楚国的法规是,拿俸禄的臣子受封得到的土地,过两代就要被国家收回去。但独独没有收孙叔敖的土地。他能够不按国家规定收回土地,不正是因为挑选的是一块贫瘠之地吗?所以传了九代还能香火不断。所以说"善建不拔,善抱不脱,子孙以其祭祀,世世不辍",这说的就是像孙叔敖那样的情况。韩非子说的是"善建不拔"的泛指,是举例性的,对我们理解原文有帮助。但要注意,下文讲的是国家天下的问题,主要还是指保住政权。

另外要说明一点,韩非子是在论述问题,他引老子的话要随文而变,并不一定就是确切的原文,所以也没必要一定按引文去改原文,但可以作为校勘的参考材料。

"修之于身,其德乃真。"这一句含有先从自身做起的意思。句谓,大道用以修身,自身的道德就会变得纯真。

"修之于家,其德乃余。"这一句含有把自身的道德进一步推广的意思。句谓,大道用以修养全家,全家的道德就会有余。

"修之于乡,其德乃长。"这一句含有把全家的道德进一步推广的意思。句谓,大道用以修养全乡,全乡的道德就会多起来。"长"是有富余。

"修之于国,其德乃丰。"这一句含有把全乡的道德进一步推广的意思。句谓,用大道修养全国,全国的道德就会丰足。"国"指的是诸侯国。

"修之于天下,其德乃普。"这一句含有把全国的道德进一步推广的意思。句谓,大道用以修养天下,整个天下的道德就会普遍。"天下"指天子统治的范围。

"故以身观身,以家观家,以乡观乡,以国观国,以天下观天下。""观"是观察认识。句谓,所以要以自身的修养之道去观察他身,以自家观察他家,以自乡观察他乡,以自国观察他国,以今日的天下观察将来的天下。

"吾何以知天下然哉?以此。""然"是这样。"此"指的是由此及彼的观察方法。句谓,我怎么知道天下是这样的呢?就是用这个方法。

这一章说明道德普及的顺序和由此及彼的观察方法。

第五十五章

含德之厚,比于赤子,蜂虿虺蛇不螫,猛兽不据,攫鸟不搏。骨弱筋柔而握固,未知牝牡之合而朘作,精之至也。终日号而不嗄,和之至也。知和曰常,知常曰明。益生曰祥,心使气曰强。物壮则老,谓之不道,不道早已。

【译文】
怀有深厚的德性,就如同婴儿一样,毒虫不咬,猛兽不扑,猛禽不抓。骨弱筋柔,小手却能攥得很紧;不懂得男女性交,小鸡鸡却挺得很硬,这是精气最为充足的表现。整天哭叫,嗓子却不沙哑,这是元气最为冲和的表现。知道元气的冲和叫做守住正常的道,知道守住正常的道叫做清明。人为地补益生命叫做灾殃,用心神去支使元气叫做僵强。事物达到壮盛就会衰老,这种做法叫做不道,不道就会早死。

【讲疏】
这一章文字障碍多一点,但前人讲得很精确,转述一下就可以了。

"含德之厚,比于赤子。""赤子"就是老子常说的婴儿,光屁股孩子叫赤子。句谓,什么才算做天性充足呢?怀有深厚德性的人,就好比是个婴儿一样。

"蜂虿虺蛇不螫,猛兽不据,攫鸟不搏。""蜂虿(chài)"是用尾针蜇人的毒虫。"虺(huǐ)"现在叫蝮蛇,极毒。"螫(zhē)"同蜇,毒虫刺入人体。"据"是扑咬。"攫(jué)"是用爪抓。"攫鸟"是猛禽。"搏"是抓,搏击。句谓,蜂子、蝎子、毒蛇不蜇伤,猛兽不扑咬,猛禽不抓。动物对人的攻击主要是一种自我保护的本能,婴儿对动物不构成威胁,动物也就不来伤害。这在第五十章里已经讲过了,可以参考。

"骨弱筋柔而握固。""握"是攥拳头。"固"是握得紧。句谓,婴儿骨弱筋柔,但小拳头能握得很紧,而且可以长时间不松手,大人如果这样,早就抽筋了。

"未知牝牡之合而朘作,精之至也。""牝牡之合"就是男女性交。"朘(quān)"是小孩的阴茎。河上公说:"赤子未知男女之合会,而阴作怒者,由精气多之所致也。"他说的"阴"就是指的男性生殖器。"作"是兴起,就是挺起来。王弼本"朘"作"全"是因同音而讹。傅奕本作"脧",是字的通假。句谓,婴儿不懂得男女性交,但小阴茎却能挺得很硬,而且能长时间金枪不倒,大人办不到。这是一种什么现象呢?是一种精气充足的表现。老子让人们学习婴儿,这是学习婴儿的主要内容之一,守住精气完足。

"终日号而不嗄,和之至也。""终日"是整天。"号"是哭号。"嗄(shà)"是嘶哑。"和"是元气冲和。句谓,婴儿整天哭号,但嗓子却不沙哑,大人办不到,这是一种什么现象呢?是一种元气和谐的表现。老子让人们学习婴儿的又一内容是,保持元气的冲和。

以上提到的三项内容,柔弱而不僵硬,精气完足,元气冲和,都是人得之于天的德性,守住这些天性,就能养生。

"知和曰常,知常曰明。""常"是正常、常道。"明"是明白事理。句谓,知道守住元气的和谐叫做懂得了生命的常道,知道守住生命的常道叫做明白了生理。意思是说,这才是根本的养生之道。

"益生曰祥。""祥"原来是个中性词,包括吉与凶。王弼说:"生不可益,益之则夭也。"把祥讲成是"夭",就是把祥当凶的意思讲的。这与老子的上下文意相合。魏源说:"祥,吉凶之候也。"指的就是"祥"有吉和凶两方面的含义。"益生"是补益生命。句谓,人为地去补益生命叫做灾殃。意思是说,人的生命得之于自然,人自身无法对它补益,越是补益越糟糕。也就是第五十章里说的,"人之生,动之死地亦十有三。夫何故?以其生生之厚"。

"心使气曰强。""强"就是僵硬的意思。句谓,用心神去支使元气就叫做往僵硬里走。元气要持守,不能向外流失。人用自己的愿望去耗费元气就是慢慢往死里走。魏源说:"益生由于多欲,多欲则起居动作纵于外,饮食男女恣于内,异于精之至者矣。心使气由于多忿,多忿则乖张决骤,而内不能自主,张脉偾兴,而外不能自制,异于和之至者矣。"他把上下文联系在一起讲,这就合于老子的思路了。

"物壮则老,谓之不道,不道早已。"这几句在第三十章里有,是说,事物都是这样,壮盛了之后就会衰老,这是自然规律,追求强盛不合大道,不合大道早点死亡。

这一章说明养生的办法是保持柔弱,固守元精,不耗元气。

第五十六章

知者不言,言者不知。塞其兑,闭其门,挫其锐,解其纷,和其光,同其尘,是谓玄同。故不可得而亲,不可得而疏;不可得而利,不可得而害;不可得而贵,不可得而贱。故为天下贵。

【译文】

知道大道的人不说,说的人不知大道。堵塞天性流失的口子,关闭精气外溢的大门。挫去尖锐的锋芒,解除欲念的纷扰,调和显眼的光彩,混同世上的俗尘。这叫做玄同。所以,谁也不能使他亲近,谁也不能使他疏远;谁也不能使他获利,谁也不能使他受害;谁也不能使他高贵,谁也不能使他低贱,因此才被天下人尊贵。

【讲疏】

这一章的挫锐解纷、和光同尘在第四章出现过。但第四章是对大道说的,这一章是对个人的修养说的,读时注意区别。

"知者不言,言者不知。"这两句字面上没什么障碍,就是,知道的不说,说的不知道。但为什么会如此呢?在《庄子》里有大量的论述。总的说就是,大道可以意会不可言传。说得越多,离道越远。

"塞其兑,闭其门。"这两句在第五十二章里出现过,可相互参照。这里又出现,是为了说明怎样达到上一章提出的"精之至"与"和之至"。人不可能都像婴儿一样,这就需要在主观上采取一些措施,防止精气天性的流失。"塞其兑"就是要堵塞天性流失的口子。"闭其门"就是要关闭精气外溢的大门,持守大道所赋予的本真。

"挫其锐,解其纷,和其光,同其尘。"这几句也是在修道时主观上要采取的方法。"锐"是尖锐,锋芒。"挫其锐"是指锋芒不要外露,把自己争竞的锐气磨掉。"解其纷"就是排除欲望的纷扰,心态平和下来。"和其光"就是不要显示自己比别人高明,把自己显露的光彩收拾起来,与大家和谐相处。"尘"是尘俗。"同其尘"就是与尘俗的一般人融洽,不要自标高洁。总之,因为大道就是如此,修道的人对个人的要求也应当如此。

"是谓玄同。""同"是指与大道相同。"玄"还是隐微、深沉的意思。句谓,这叫做深深地与大道暗中相同。不过,老子的"玄同"是个术语,简单理解,可以说就是大同的意思。

"故不可得而亲,不可得而疏。""得"是能愿动词,能够。"亲"是亲近。"疏"是疏远。句谓,能做到像大道运行那样为人处世,所以就没有人能够使你特别亲近,也没有人能够使你特别疏远。道理很简单,能够使你亲近,就能够使你疏远。主动权操在他人手里,自己就没有独立性了,这与大道的特性不合。

"不可得而利,不可得而害;不可得而贵,不可得而贱。"这几句与上面的意思相同。利害贵贱都不由他人做主,自己又看得清,利害贵贱对大道不起作用,也就用不着太在乎这些东西。在行为表现上就是,谁也不能使你获利,谁也不能使你受害;谁也不能使你高贵,谁也不能使你低贱。

"故为天下贵。"句谓,因此才被天下人尊贵。因为大道最尊贵,自己与大道相合,所以尊贵。

这一章说明保持"精之至"、"和之至"的方法。

第五十七章

以正治国,以奇用兵,以无事取天下。吾何以知其然哉?以此:天下多忌讳而民弥贫;民多利器,国家滋昏;人多伎巧,奇物滋起;法令滋彰,盗贼多有。故圣人云,我无为而民自化,我好静而民自正,我无事而民自富,我无欲而民自朴。

【译文】

用正道治国,用奇谋诈术指挥打仗,用自然无为取得天下。我怎么知道是这样的呢?因为以下这些原因:天下的条条框框越多,百姓就越贫困;百姓手里的器物越精良,国家越昏乱;人们的技术越细巧,千奇百怪的东西越兴盛;法令越规定得明确,盗贼也就越多。所以圣人说,我自然无为,百姓自然归化,我好清静,百姓自然归正;我无事推行,百姓自然富足;我没有欲念,百姓自然淳朴。

【讲疏】

这一章的问题主要在于"以正治国"与"无事取天下"不是一个层次,句意含有转折。

"以正治国,以奇用兵,以无事取天下。""正"指正道,这一点比较清楚,但是道分出了奇正,可知正道不指大道。奇指的是奇谋诈术,正就应该指公正的政策法令。"国"与"天下"对比,国指的是诸侯国。

"无事"即自然无为的大道。句谓,用公正的政策法令治理国家,用奇谋诈术指挥打仗,但要取得天下就得用自然无为的大道了。公正的政策法令与大道相比还是低了一等。因为政策法令是人定出来的,公正与否,带有明显的人为因素,属于有为而治。老子认为正与奇是相反相成的。有正必有奇,都不如大道治国。下面就是说明以正治国为什么还比不上自然无为的大道。

"吾何以知其然哉?以此。"句谓,我怎么知道会是这样的道理呢?因为以下这些原因。"以此"的此,指的是下面的事实。

"天下多忌讳而民弥贫。""忌讳"是禁忌不敢犯的东西,在这里指的是法令规定的条条框框。句谓,天下的条条框框越多,百姓就越贫困。老子认为这是个显而易见的事实。你规定的条条框框越多,老百姓动辄得咎,噤若寒蝉,必然是越来越贫困。这已经被无数的事实证明了。我们国家在改革开放以前,不许农民种自留地,也不许开小片地,田边地头种棵树都不行,规定非常明确,结果就是饿死了很多人。

"民多利器,国家滋昏。""利器"指的是越来越精良的器物。比如说量长度的工具,丈不精确用尺,尺不精确用寸,寸不精确用分,分不精确用微分。东西确实是越来越精良了,但是人们争竞的利害也就越来越小了。不点小事就要闹起来,国家岂不更为昏乱?句谓,百姓手里的器物越精良,国家越昏乱。

"人多伎巧,奇物滋起。""多"用来说明技巧是精细的意思。句谓,人们的技术越是细巧,千奇百怪的东西制造出来的越多。老子认为这也不是好事。国家要以农为本,解决人们的穿衣吃饭问题,追求这些千奇百怪的无用之物是本末倒置。

"法令滋彰,盗贼多有。""滋"是更加。"彰"是明,用来说明法令是明确的意思。句谓,法令规定得越明确,盗贼就越多。就是说,法令规定得越具体,犯法的人也就越多。这也是显而易见的事实。法令没有明确规定的内容,就说不上犯法。"盗贼"指的是犯法的人。

以上所举四项都属于"以正治国"的内容:纤毫必纠的规定,精良的器物,细巧的技术,明确的法令条文。那么老子是不是就反对这些东西呢?这样说有些武断。老子不过是把这种"有为而治"拿来与"无为而治"进行对比,从总体的治国大道上说明有为而治不如无为而治,要说老子不主张人为地提倡这些东西,这是有的,如果说老子就反对或要消灭这些东西,那就不是老子的意思了。第一句已经说了,"以正治国,以奇用兵",并不反对"以正治国"。老子认为在"无为而治"里,这些东西都可以自然存在,所以下文又说:

"故圣人云,我无为而民自化,我好静而民自正,我无事而民自富,我无欲而民自朴。"句谓,所以古代的圣人才说,我用自然无为的大道治理国家,老百姓自然就会归化于大道;我好清静,老百姓自然就会归向正道;我不瞎折腾,老百姓自然会富裕;我没有欲念,老百姓自然会变得淳朴。也就是说,想正反而不正,无为百姓自然会正。可见老子并不是不要正,而是要把这种"正"放在大道里自然出现,而不是人为地把它强扯出来。

下面我们举些例子看看古人怎样理解这一章。王弼说:"以道治国则国平,以正治国则奇正起也。以无事则能取天下也。上章云,其取天下也,常以无事,及其有事又不足取天下也。故以正治国则不足以取天下,而以奇用兵也。夫以道治国,崇本以息末;以正治国,立辟以攻末。本不立而末浅,民无所及,故必至于奇用兵也。"王弼说的"本"指的是大道,他所说的"末"指的是社会风气。这段话的意思是说,用大道治理国家,国家就会平定。用正去治国,那可就奇正相生了。用无事的办法则能取得天下。上一章里说,取得天下要用无事的方法。等到有事就不能取得天下了。所以用正去治国就不能取得天下,反而滋生出以奇用兵了。用大道治国是推崇根本的大道,用来改变社会风气。用正治国,是制定政策法令攻击社会风气。大道不立,社会风气的作用微弱,百姓没有归化的目标,所以必然会导致以奇用兵。与王弼的意见大致相同的还有吴澄、吕惠卿、魏源等人的讲解,可以参考《老子本义》的说明。今人一见到"正",就以为正道等同于大道。这就曲解了老子的意思。

　　这一章论述自然无为是根本的大道。

第五十八章

其政闷闷,其民淳淳;其政察察,其民缺缺。祸兮,福之所倚;福兮,祸之所伏。孰知其极?其无正邪?正复为奇,善复为妖。人之迷,其日固久。是以圣人方而不割,廉而不刿,直而不肆,光而不耀。

【译文】

政令粗略,人民淳淳朴朴;政令清清楚楚,人民道德缺失。灾祸伴随着幸福,幸福埋伏着灾祸。谁知道最后会是什么?难道就没有正了吗?正转化为邪,善转化为恶。人们对此迷惑由来已久。因此,圣人方正却不割伤,有棱有角却不划伤,正直却不恣肆,光明却不显耀。

【讲疏】

这一章的症结在"其为正"的语义转折。绕不过来,也会陷入迷茫。

"其政闷闷,其民淳淳。""闷闷"与下句的"察察"对举,闷闷是朦朦胧胧的意思,形容政令定得粗略。"淳淳"与下句的"缺缺"对举,淳淳是淳朴忠厚的样子。句谓,国家的政策法令朦朦胧胧,定得不是太细,它的百姓就淳淳朴朴,老实忠厚。因为政策宽松,要求不多,人民用不着那样小心精明。

"其政察察,其民缺缺。""察察"是明察秋毫。"缺缺"是道德缺失,指的是狡猾精明。句谓,国家的政策法令明察秋毫,定得细致入微,它的百姓就精明狡诈,道德缺失。因为要求琐细,人民就不得不小心闪避,极力保护自己。老实人也得学狡猾点,不然就要吃亏。

"祸兮,福之所倚;福兮,祸之所伏。""倚"是依赖、倚靠。"伏"是埋伏、潜伏。句谓,灾祸里伴随着幸福,幸福里潜伏着灾祸。这是说明福祸之间相互依存的关系。用现在的话说就是,好事能变成坏事,坏事能变成好事。好与坏互为因果。

"孰知其极?""孰"是谁。"极"是终极。句谓,谁能知道最后会是什么?好与坏不断转化,没有终极。

"其无正邪?"王弼本作"其无正",变成了三字句,义也欠明,以有"邪"为长。"邪"同"耶",是疑问语气词。这句话承上是说,福变祸,祸变福,福祸没有定准,难道就没有个能把握的正确方法了吗?

"正复为奇,善复为妖。""奇"与正对举就是邪。"妖"是妖孽,与善对举就是恶。这两句承上是说,当然有正确方法,只是应当明白正会变成邪,善会变成恶,正奇、善妖相互转化,正确的方法不是人为的正与善,而是把握住转化关系。

"人之迷,其日固久。""固"是本来,引申为由来。句谓,人们对正奇、善妖之间这种转化关系的认识一直迷迷惑惑,由来已久了。

"是以圣人方而不割,廉而不刿。""方"是方正,方正体有角。"割"是割伤。"廉"是棱,棱体有刃。"刿(guì)"是划伤。句谓,圣人明白正奇、善妖的转化关系,因此在处理国家大事的时候既要方正,但又不割伤;既要廉利,但又不划伤。

"直而不肆,光而不耀。""直"是正直。"肆"是恣肆。"光"是光明。"耀"是显耀。句谓,正直但不恣肆地伸展,光明但韬光养晦不显耀。以上四句都是说明,知道了正反转化的关系,用其正而避其反的正确做法,回答了"其无正邪"的疑问。

　　这一章说明对立双方相互转化的关系,并指出把握转化关系的方法。

第五十九章

治人事天莫若啬。夫唯啬,是谓早服。早服谓之重积德;重积德则无不克;无不克则莫知其极;莫知其极,可以有国;有国之母,可以长久。是谓深根固柢、长生久视之道。

【译文】

治理百姓,养护身心,没有比爱惜精气更好的了。爱惜精气,这叫做早服。早服叫做重视积德,重视积德就能无往而不胜,无往不胜就没有极限了,没有极限就可以保有国家。保有国家的根源,可以长久。这叫做根深柢固、长生久视的大道。

【讲疏】

这一章的"事天"、"早服"须做些说明。

"治人事天莫若啬。""治人"是治理人民。"事天"从字面上说是"事奉天",但这里不是指自然的天,因为全章没有一处提到人与自然的关系。老子认为人只能顺应天,没有任何办法对天如何如何。而全章说的却是人要怎么办才好,那么这个"天"只能理解为是天所赋予人的天性。所以,"事天"应理解为养护天赋。人怎样对待自己的天性是养生问题,下文讲的就是养生与治国的问题。"啬"是吝惜、爱惜的意思。句谓,治理人民养护天性,没有什么方法比得上爱惜天所赋予的精气更好的了。也就是说,爱惜而不耗损天所赋予的精气,对养护身心、治理人民来说,都是最好的办法。

"夫唯啬,是谓早服。""早"一本作"蚤",蚤借为早。"早服"是老子的术语,这个术语的含义是什么？前人的解释大多是认为,及早服从道。显然这是把服讲成从,这样讲意义肤浅,老子恐怕不会把这种没劲的话当成术语。从词义上说,服的本义是"用"。《说文》里说:"服,用也。""从"是引申义。早服就是早用,老子在这一章一再说要"啬",说的也是用的问题,讲成"从"就与"啬"的联系不紧密了。如果"早用"的意思不好理解,也可以理解为"早服药",提前做些防护的工作。这样才能与养生联系起来。句谓,只有爱惜自己的精气,才能叫做及早防护。

"早服谓之重积德。""重"是重视,不是当一再讲的重(chóng)。"德"指的是德性、天性,具体指的是精气神。句谓,早做防护叫做重视积累自己的德性。

"重积德则无不克,无不克则莫知其极。""克"是胜。"极"是极限。"莫知其极"是因为没有极。句谓,重视积累德性就会无往而不胜,无往而不胜就没有极限了。没有极限指的是生命无穷无尽。

以上从"啬"到"早服"、"重积德"、"无不克"、"莫知其极"都讲的是个人养生。先学会了养生,然后才能把养生的方法推及到治国上。

"莫知其极,可以有国。""有国"的字面义是保有国家,含义是能治理好国家。句谓,学会了养生的方法,先保证自己没有极限,才可以把国家治理好。正如第五十四章所说:"修之于身,其德乃真;修之于家,其德乃余;修之于乡,其德乃长;修之于国,其德乃丰;修之于天下,其德乃普。"修身是最基础的功夫,自己都管理不好自己,怎么可能管理好国家？

"有国之母,可以长久。""母"是母体,是根源,下文有"深根固柢"。关键是这个"母"指什么？有国的基础是有身,有身的基础是持有天性、德性。可知这个母指的是德性。句谓，保有天所赋予的德性，就有了治国的根源，保有治国的根源才可以长久。

"是谓深根固柢、长生久视之道。""柢"也是根。"长生久视"是长久生存不死的意思。句谓，这就叫做根柢深固、长久生存之道。

这一章说明养生与治国的根本方法是保护好天所赋予的德性。

第六十章

治大国若烹小鲜。以道莅天下,其鬼不神;非其鬼不神,其神不伤人;非其神不伤人,圣人亦不伤人。夫两不相伤,故德交归焉。

【译文】

治理一个大的国家如同烹煮小鱼一样。用大道统治天下,鬼就不显灵了。不是鬼不显灵,而是显灵不伤害人;也不是显灵不伤害人,而是因为圣人也不伤害人。两者都不伤害人,所以恩德一起落在了人民头上。

【讲疏】

这一章有两处要讨论,一是"烹小鲜"指什么,二是老子对鬼神的看法。

"治大国若烹小鲜。""烹"是煮。"小鲜"就是小鱼。《说文》:"鲜,鱼也。"句谓,治理大的国家和烹煮小鱼差不多。怎么个差不多?前人讲得较为明确。河上公说:"烹小鱼,不去肠,不去鳞,不敢挠,恐其糜也。治国烦则下乱,治身烦则精散。"意思是说,煮小鱼不敢搅和,怕把小鱼搅烂了。治理国家也不能找事太多,老搅扰也会造成乱;修身也不能没事找事,没事找事精气就散了。王弼说:"不扰也。躁则多害,静则全真。故其国弥大,而其主弥静。然后乃能广得众心矣。"

意思与河上公一致,河上公强调的是"无为",王弼强调的是"清静"。这都与老子的意见一致。句谓,治理大国要像煮小鱼那样不要老是搅扰,无为清静才能治理好。

"以道莅天下,其鬼不神。""莅"是临,相当于统治。"神"用如动词,是显灵的意思。句谓,用大道统治天下,那些鬼也不显灵了。

"非其鬼不神,其神不伤人。"句谓,并不是鬼不显灵了,而是显灵它也不伤害人。

"非其神不伤人,圣人亦不伤人。"这两句有推导原因的内涵,意思是说,并不是显灵就不能伤害人了,而是因为圣人不伤害人,鬼也就跟着不伤害人了。圣人用大道治国,鬼也得服从大道。

"夫两不相伤,故德交归焉。""相伤"就是伤,"相"在这里是一起的意思。"德"在这里指恩德。"交"也是一起的意思。"归"是归给天下人民。句谓,圣人与鬼都一起不伤害人,所以神与圣的恩德都落在了老百姓身上。

老子明确提到了鬼神,鬼还能伤人,也能与大道、圣人保持一致。所以说老子是个无神论者就不客观了。不过老子说的鬼不是一个物质性的实体,也就不是人格化了的鬼。但老子认为它又是一个精神性的实体,它确实存在,确实有,这也不等同于唯心主义。我们现在总是想用唯物主义、唯心主义给老子归类,这实在是强人就范。老子认为道生天地,天地有神灵,所以才说"象帝之先"。帝就是天神。这是一个无法回避的事实。不过这个"帝"也是由道生出来的,不是神生道,而是道生神。道是天下母,也是鬼神之母。老子的道能生出万物,也能生出精神。可见他的道是精神与物质的母体,你既不能说他是唯心论,也不能说他是唯物论,老子是个彻底的对立统一论者。在他看来,唯物论、唯心论都只能算做是半截子对立统一论。所以一定要说的话,那只好说,老子是精神物质一元论。无论你把它叫做调和论，还是二元论，老子自己是一元论。不但是一元论，他还认为二者根本就不可分割。用唯物、唯心来说明老子的思想，本身就背离了老子的观点。

  这一章说明用无为的大道治国带来的好处。

第六十一章

大国者下流,天下之交。天下之牝,牝常以静胜牡。以静为下。故大国以下小国,则取小国;小国以下大国,则取大国。故或下以取,或下而取。大国不过欲兼畜人,小国不过欲入事人。夫两者各得其所欲,大者宜为下。

【译文】

大国应像海洋一样居于百川的下游,作为天下归附的交汇之所。做天下的雌性,雌性常用静态战胜雄性。雌性以静态居于卑下,所以大国用谦下的态度对待小国,就能取得小国的依附;小国以谦下的态度对待大国,就能取得大国的容纳庇护。所以有的用谦下取得归附,有的用谦下取得庇护。大国不过是想要得到小国的拥戴,小国不过是想要依附大国,双方都能满足自己的愿望,大国就更应当主动谦下。

【讲疏】

这一章针对的是春秋时期大小诸侯国之间的关系,首先要了解当时的背景。当时周天子已失去控制天下的能力,各诸侯国都面临图强发展的问题。大的诸侯国想要得到小国的依附,而小国则想要得到大国的庇护,正是在这种条件下,老子提出自己处理大小国之间关系的办法。

"大国者下流,天下之交。""下流"是指像海洋那样处在百川的下游。"交"是交汇之处。句谓,大国想要得到小国的归附,最好的办法是像海洋那样处在百川的下游,这样百川会自动流入大海,成为天下众水交汇之地。

"天下之牝,牝常以静胜牡。""牝"是雌性的动物,在自然界中,雄性与雌性动物之间的相求,一般雄性表现为主动,雌性则表现为平静,最后总是雄性主动去寻求雌性。老子把这种自然现象上升为阴与阳的关系,并运用到社会上来。意思是说,大国想要让小国主动来投靠自己,就应当像自然现象那样,做天下的雌性,雌性常常用自己的平静胜过雄性的主动。

"以静为下。"此句是概括以上的"下流"与"静"两方面说的。大国要处在下游的位置,靠地理条件不可能。但只要用静的办法就可以达到处在下游的效果。"以静"是方法,"为下"是目的。

"故大国以下小国,则取小国。""下"是态度谦下。"取小国"就是取得小国的信任来归附。句谓,所以大国如果以谦下的态度对待小国,就可以取得小国的归附,增强自己的势力范围。

"小国以下大国,则取大国。""取大国"是取得大国的信任得到庇护。句谓,小国如果以谦下的态度对待大国,就可以取得大国的信任,得到大国的庇护,增强自己的防护能力。

"故或下以取,或下而取。"前一句指大国,后一句指小国。句谓,所以大国用谦下的办法取得了小国的归附,而小国以谦下的办法而得以依附大国。

"大国不过欲兼畜人,小国不过欲入事人。""兼"是两者兼有,既有自己的国家,又有小国的国家。"畜"本来是畜养,这里是容纳的意思。"入事"是归入去事奉,找个主子,也就是找个靠山。天子靠不住了,找个大国去当主子。句谓,大国也不过是想要容纳小国,小国不过是想要找个靠山。

"夫两者各得其所欲，大者宜为下。"这两句有相比较的意思。句谓，大国与小国都可以得到自己想要的东西，双方的愿望都可以实现，比较起来，大国就更应当主动点儿采取谦下的态度。因为大国是对立双方的主导一方。

以上是老子为解决大小国家之间的纷争，而开出的互利互惠的药方。

这一章说明谦下是解决国际争端的最佳方法。

第六十二章

道者,万物之奥。善人之宝,不善人之所保。美言可以市尊,美行可以加人。人之不善,何弃之有?故立天子,置三公,虽有拱璧,以先驷马,不如坐进此道。古之所以贵此道者何?不曰以求得,有罪以免邪!故为天下贵。

【译文】

大道是万物的保护伞。是善人的法宝,也是不善之人的保护。善言可以换取人们的尊重,善行可以居于人上。人有不善,怎么能抛弃他呢?所以,拥立天子,设置三公,即使奉献高车大马再加上大的玉璧,也不如把大道进献给他。古人为什么把大道看得这样尊贵呢?不正是因为大道能让人有求而可得,有罪能消除吗?所以才得到天下人的尊贵。

【讲疏】

这一章要注意上下文的照应,尤其是"美言可以市尊,美行可以加人"两句,要注意与下文的"以求得"句意相承。"人之不善,何弃之有"与下文的"有罪以免"句意相承。这是古人行文的错综分承修辞方法,不能孤立地去理解。

"道者,万物之奥。""奥"是屋子的西南角,在房子的最深处,是最安全的地方。因此引申出蔽身之处的意思。句谓,大道是万物的蔽身之处。它保护所有的人物。用现代的话说就是,大道是万物的保护伞。这一句是全章的总论点,下面分善人和不善人两个方面说明这个论点。

"善人之宝,不善人之所保。""所保"是用以保护的东西。句谓,大道既是善人的法宝,也是不善之人的保护物。下面就分别说明为什么是"善人之宝"和"不善人之所保",注意它的分承关系。

"美言可以市尊,美行可以加人。"这两句王弼本作"美言可以市,尊行可以加人。"显然不押韵了,两句的字数也不同了。《淮南子》引作"美言可以市尊,美行可以加人",句式整齐,韵律合谐。故知《淮南子》的引文为长。"美言"就是善言。"美行"就是善行。"市"是买来,换取。"加人"是处于人上,即人们常说的做人上人。这两句是解释为什么说大道是"善人之宝"。善人行大道,用善言可以换取人们的尊敬,用善行可以成为人上人,所以说它是善人之宝。

"人之不善,何弃之有?"这两句是承上文的"不善人之所保"说的。"何弃之有"是有何可弃的意思。这两句是说,大道也是不善之人的保护,不仅是善人的专利品。因此,人有了不善的行为,怎么能抛弃他呢?就是说,抛弃不善之人的做法不合大道。

"故立天子,置三公。""立天子"是天子登极。"三公"是朝廷里地位最尊贵的官员,周朝时指太师、太傅、太保。"置三公"是三公得位。这是世上最可祝贺的事情,老子用来概指一切值得祝贺的情况。句谓,就说是天子登极,三公得到尊位的情况下。

"虽有拱璧,以先驷马,不如坐进此道。""拱"是两手合围或两臂合抱,大致的量度单位。"拱璧"是大玉璧。"驷马"是四匹马驾的大车。"先"在这里是指在礼物外另加上的见面礼。"坐进"是坐下来讲给他听作为进献。句谓,即使奉献高车大马,另加上大玉璧作为礼物去祝贺,也不如向他进献大道。这两句是承第一句"道者,万物之奥"说的。

"古之所以贵此道者何?"这一句是用设问的句式解释"道者,万物之奥",意思是说,为什么说大道是万物的保护伞,古人为什么要把大道看得如此尊贵?

"不曰以求得,有罪以免邪?""不曰"是"不就说的是"的意思。"以"是因为。"求得"是有求可得,也就是有愿望可以实现。"免"是消除的意思。句谓,不就是说因为有愿望可以实现,有罪恶可以消除吗?"以求得"指的是上文的"美言可以市尊,美行可以加人"。"有罪以免"指的是上文"人之不善,何弃之有"。

"故为天下贵。"句谓,所以才被天下人尊贵。

这一章因为用的是分承的修辞手法,很多人以为老子的原文不顺,也有人主张调整一下句子的前后顺序。其实没必要改动原文。下面我们把原文的分承线索整理一下:

"道者,万物之奥——故立天子、置三公,虽有拱璧以先驷马,不如坐进此道——古之所以贵此道者何?——故为天下贵。"这一部分是总论。

"善人之宝——美言可以市尊,美行可以加人——不曰以求得。"这一部分是分论善人。

"不善人之所保——人之不善,何弃之有——有罪以免邪?"这一部分是分论不善人。

老子的文章如同散文诗,不能要求他不使用分承的修辞方法。

另外,"不善人"不能讲成"恶人",更不能说老子善恶不分。老子用了那么多善恶对举的句子,到这里忽然用善人与不善人对举,就是不想包括恶人。"不善人"指的是不是善人但也不是恶人的人。

这一章说明大道的普施性。

第六十三章

为无为,事无事,味无味。大小多少,报怨以德。图难于其易,为大于其细。天下难事必作于易,天下大事必作于细。是以圣人终不为大,故能成其大。夫轻诺必寡信,多易必多难。是以圣人犹难之,故终无难矣。

【译文】

做那些别人还没觉察到就该做的工作,办那些还没发生事故之前就该办的事,体味那些没有散发出气味之前的气味。要把小的征兆当成大事,把少的征兆当成多的后果。用恩德对待他人的怨恨。解决难事要从还容易解决时去谋划,做大事要从细小处做起。天下的难事都是从容易的时候发展起来的,天下的大事都是从细小的地方一步步形成的。因此圣人始终不直接去做大事,所以能够成就大的功业。轻易许诺肯定难以兑现,把事看得太容易肯定会遇到太多的困难。因此圣人要把它看得困难一些,所以最终不会遇到困难。

【讲疏】

这一章老子明确提到了"为无为"、"事无事"。这至少也得说老子为自己的"无为"、"无事"做出了一个方面的说明。"为无为"就是按无为的要求去做。"事无事"就是按无事的要求去做。"无为"、"无事"的要求是什么呢? 从前后文意的联系去看,无为、无事是指在事物还没有成熟之前,顺着规律把它引向对自己有利的方面发展,而不是等事物成熟之后生硬地去做。

"为无为,事无事,味无味。"这三句都是未雨绸缪的意思。用现代的话说就是,要把问题解决在萌芽状态,不能等闹大了才去解决。"无为"是还没有做以前。"无事"是还没有发生事以前。"无味"是还没有散发出气味以前。全章都是在论证这个观点,全章要说明的内容就是这三句的内涵。句谓,要做那些别人还没觉察到就该做的工作,办那些还没有发生事故之前就该办的事情,感知还没有散发出气味之前的气味。也就是说,要防患于未然,提前做好准备,创造事物向有利的一面发展的条件。这才是明道的做法。

"大小多少,报怨以德。""大"与"多"是意动用法,"大小多少"是以小为大,以少为多的意思。说的是要有预见性。"报怨以德"即以德报怨。德指恩德,是用给人恩德的做法去回报别人的怨恨。这也是提前清除大祸的做法。句谓,要把发生的小事看成将来会发展成的大事,把出现的少数现象看成是将来会发展成的多数现象,用恩德去对待他人对自己的怨恨。

"图难于其易,为大于其细。""图"是谋划解决。"细"是小。句谓,要在事情容易解决的时候去谋划排除大难,要在事情还细小的时候着手解决大的难题。不要在大难临头的时候才想到去解决,那就解决不了了。

"天下难事必作于易,天下大事必作于细。""作"是发生的意思。这两句解释为什么要"图难于易,为大于细"。句谓,天下的难事必然都是在看似容易时发生的,天下的大事必然都是从细小的时候发生的。

"是以圣人终不为大,故能成其大。""不为大"也有新含义,是不在闹大了之后才去处理的意思。句谓,因此圣人始终都是不等事情闹大了的时候才去解决,正因为如此才能成就大的功业。

"夫轻诺必寡信,多易必多难。""诺"是许诺。"寡"是少。"信"是兑现。句谓,轻易地就许诺必然难以兑现,把事情看得太容易必然要遇到太多的困难,所以古人讲究要重然诺,不轻易。

"是以圣人犹难之,故终无难矣。""犹"是还是。句谓,因此圣人还是要把事情看难一点,正因为这样,才始终没有困难。

这一章说明防患于未然是克服困难的最好办法,从小处做起是成就大业的最好办法。

第六十四章

其安易持,其未兆易谋,其脆易泮,其微易散。为之于未有,治之于未乱。合抱之木,生于毫末;九层之台,起于累土;千里之行,始于足下。为者败之,执者失之。是以圣人无为,故无败;无执,故无失。民之从事,常于几成而败之。慎终如始,则无败事。是以圣人欲不欲,不贵难得之货;学不学,复众人之所过。以辅万物之自然,而不敢为。

【译文】
局面安全的时候容易控制,事情没出现苗头时容易谋划,事物在脆弱时容易消解,在微小的时候容易消散。在没有发生之前预先做好处理,在没有形成动乱之前加以治理。合抱的大树生成于细小的树苗,九层的高台建成于一筐筐积累起来的泥土。千里的路程从脚下起步。要强为定会失败,要把持定会失去。因此圣人自然无为,所以不会失败;不把持,所以不会失去。人们办事情往往在快要成功的时候而失败,所以说在快要成功的后期要像开始那样谨慎,就不会失败。因此圣人想要得到一般人不想得到的东西,不看重难得的珍宝。学习一般人不愿学习的东西,从众人的错误中返回正道。顺应万物的自然发展,而不敢强为。

【讲疏】

这一章的一些句子已经成为名言警句广为流传,需要说明的是那些还较生僻的话。

"其安易持,其未兆易谋。""持"是掌握、控制。"未兆"是还没有出现苗头。句谓,局面安全的时候,容易控制;还没有出现苗头的时候,容易解决。"谋"是谋求解决。

"其脆易泮,其微易散。""泮"是冰消解,这里是泛用,指消解。句谓,坏事在它还处在脆弱的时候,容易想办法让它消解;在它还微小的时候,容易想办法让它消散。

"为之于未有,治之于未乱。""为"是做。句谓,正是因为微弱时容易解决,所以要在事情还没发生前就做好防微杜渐的工作,在没有发生动乱前消除致乱的因素。

"合抱之木,生于毫末;九层之台,起于累土;千里之行,始于足下。""合抱"是两臂合围。"毫末"比喻细小的树苗。"累土"是一筐筐累积起来的泥土。句谓,合抱的大树是从小树苗长成的,九层的高台是从一筐筐的泥土累积起来的,走出千里远的路程是从脚下起步的。

"为者败之,执者失之。""为"在这里指强为。"执"是把持不放。句谓,事物都有自身的发展过程,事先没有做好铺垫的工作,等事物发展成型的时候,强为肯定要失败,把持不放肯定会失去。

"是以圣人无为,故无败。""无为"是顺其自然不强为。句谓,因此圣人顺其自然不强为,所以不会失败。

"无执,故无失。"句谓,圣人也不把持不放,所以也不会失去。

"民之从事,常于几成而败之。""从事"就是做事情。"几成"是快要成功的时候。句谓,一般人做事情,往往在快要成功的时候而失败。就是说,功败垂成是个常常发生的情况。

"慎终如始,则无败事。""慎"是谨慎小心,"终"是事情的最后阶段。句谓,鉴于功败垂成的教训,如果能在后期阶段像开始时那样小心谨慎,就不会出现失败。

"是以圣人欲不欲,不贵难得之货。""欲不欲"是以别人的不欲为欲。常人是急于求成,圣人是慎终如始,因此才说,圣人想要得到的是一般人没想得的东西,而不看重难得的珍宝。

"学不学,复众人之所过。""学不学"是以众人所不学为学。众人学的是把持不放,圣人学的是从苗头做起,因此才说,圣人学的是一般人不想学的东西。"复"是返回来,带的宾语是"过","过"是过错。"复众人之所过"是说,从众人的错误中返回到正确的路上。也就是说,圣人不重蹈众人犯错误的覆辙,与常人的做法完全相反。

"以辅万物之自然,而不敢为。""辅"是辅助,顺应,带的宾语是"自然",句谓,顺应万物的自然发展而不敢强为。

这一章说明防患于未然的方法是慎终如始。

第六十五章

古之善为道者，非以明民，将以愚之。民之难治，以其智多。故以智治国，国之贼；不以智治国，国之福。知此两者亦稽式。常知稽式，是谓玄德。玄德深矣，远矣，与物反矣，然后乃至大顺。

【译文】

古代善于奉行大道的人，不引导人民去学小聪明，而是要百姓变得不精明。百姓难以治理，就是因为太精明了。所以用精明治理国家，是国家的祸害；不用精明治国，才是国家的福祥。懂得这两种治国模式，就有了法式。常常知道这个法式，叫做玄德。玄德可就深了，远了，与万物截然不同，然后才能完全顺应大道。

【讲疏】

这一章的问题是关于老子的"愚民"提法。该怎样去理解？还是结合字句去把它推导清楚好些。

"古之善为道者，非以明民。""明民"的字面义就是使民明，但这个"明"不能按现代人的理解去泛泛地当成聪明。要是按现代的词汇义去说的话，"明"指的是小聪明或精明，老子反对这样做，当然自己用的这个词就带有贬意。下文还提到这种人"难治"，显然有大聪明的人不难治，要小聪明的人，鬼得很，猾得过头，精明得不行，太会给自己打算了，这样的人才难治。由此我们可以得知，老子说的"明"是小聪明。句谓，古代善于推行大道的人，不是去开发百姓的小聪明。

"将以愚之。""愚"显然是与"明"对举，"明"带了贬意，"愚"就是带了褒意，所以这个"愚"也不能按现代汉语词汇意义泛泛地理解成"愚昧"，而是不精明，不懂得耍小聪明的意思，这才与老子的意思相合。老子在第二十章里说"我独泊兮其未兆，沌沌兮，如婴儿之未孩。儽儽兮，若无所归。众人若有余，而我独若遗。我愚人之心也哉！俗人昭昭，我独若昏；俗人察察，我独闷闷。……众人皆有以，我独顽似鄙。"这就是愚的内含。老子自有解释，不允许歪曲的。这句话的确切含义是，善于推行大道的人，是要让百姓归于憨厚，不懂得耍小聪明。有人说老子自己说"将以愚之"，说明老子奉行的是愚民政策，但却不去分辨老子说的"愚民"与我们现在说的"愚民"有什么不同。也有人说老子不主张开发民智，也不去分辨老子说的"民智"与现在说的民智有什么不同。这就误解百出了。老子不主张开发民智，那他还传经布道干什么？难道老子是惟恐天下不乱？

"民之难治，以其智多。""智"指的就是我们现在说的精明。句谓，百姓所以难以治理是因为人们太精明了。太精明的人就是老算计别人的人。这种人不仅难治，就是在日常生活里人们也不愿意和他共事。《庄子·天道》篇里说，老子在回答士成绮的问题时说："边竟有人焉，其名为窃。"意思是说，边境上的人们，把这种太精明的人称做贼。东北人现在还把精明过人的人说成是贼，意思就是太贼鬼了，不好对付，当然就不好治了。

"故以智治国，国之贼。""贼"有贼鬼的意思，但主要是灾害的含义。句谓，所以说用精明的手段治理国家，那是国家的灾害。上行下效，人人都贼鬼得不行，对国家一点好处都没有，只能互相算计。用现在的俗话说就是，谁傻呀？会随便让你算计？谁都不傻，但国家遭殃了。国家遭殃全民受害，所以还不如大家都傻一点，老子说的"愚之"，无非就是要大家都傻一点、憨厚一点的意思。

"不以智治国，国之福。"句谓，不用精明的手段治理国家，才是国家的福祥。以上是从正反两个方面说明，不能"以智治国"。

"知此两者亦稽式。""稽式"是法式、模式的意思，《老子本义》作"楷式"，意思相同。句谓，知道两种不同的治国模式，也就明白了怎样治国的法则。

"常知稽式，是谓玄德。""玄德"是老子用的术语，术语的内涵还是与深微的道德相合。句谓，常常知道治国的法则，这叫做与深微的道德相合。

"玄德深矣，远矣，与物反矣。""反"就是不同。人们都认为精明点好，玄德却以为傻点好，大不相同。句谓，玄德可就内涵深远了，与万物追求的东西截然相反。

"然后乃至大顺。""大顺"是完全顺应。顺应什么？回应第一句"善为道者"，主要还是指大道。句谓，有了玄德之后，就会达到完全顺应大道了。

这一章说明治国的法则，重点批判了用智术治国的方法。

第六十六章

江海所以能为百谷王者,以其善下之,故能为百谷王。是以欲上民,必以言下之;欲先民,必以身后之。是以圣人处上而民不重,处前而民不害。是以天下乐推而不厌。以其不争,故天下莫能与之争。

【译文】

江海所以能成为百川归附的汇聚之所,是因为它能处在百川的下位,所以能成为百川之王。因此,圣人想要在百姓之上统治,必须对人民说话谦下;想要在百姓之前领导,必须把自身利益放在人民利益之后。因此,圣人虽然居于人民的上面,但人民不觉得沉重;居于人民的前面,人民不觉得有害。因此,天下人乐意推举他而不懈。正因为他不争,所以天下没人能跟他争。

【讲疏】

这一章的字面义也比较好懂,惹出麻烦的是,有的人总想把老子的意思拐个弯,一会说老子是为统治阶级出谋划策,一会又说老子最会搞权术。如果不是没有明白老子的意思的话,我想那就该反思一下自己的心术了。老子明确反对以智术治国,怎么会鼓励人们去搞阴谋、弄权术?老子分明是在为人民着想,怎么会是向统治阶级献媚?请看下文。

"江海所以能为百谷王者,以其善下之,故能为百谷王。""百谷王"是百川归附之地。"善"作为"下"的状语,起的是能愿动词的作用,相当于"能"。因为前后用了两个"能"字,这里换成了"善",调剂一下,主要意思并不是善于。句谓,大江大海所以能成为百川归附的汇聚之所,是因为江海能置身在百川的下位,所以才能成为百川之王。这是真的要求当王的人要居身民下,不是装出一种居下的样子。

"是以欲上民,必以言下之。""上民"是居于民上,即统治人民。"言"也不仅仅指说话。"行"也要如此,不过是分开了两句说,一句说"言",另一句说"身",前后互为补充,是一种互文的修辞格,并不是说要耍虚嘴子就行了。句谓,要想在上位当好人民的统治者,先要把自己的意见摆在人民的意见之下。

"欲先民,必以身后之。""身"也包括言。句谓,要想站在前面领导好人民,一定先要把自身的利益放在人民利益之后。总之是要先民后己。

"是以圣人处上而民不重,处前而民不害。"正是因为圣人如此做了,才会处在人民之上,人民不觉得沉重;处在人民的前面,人民不觉得有害。因为代表的是人民的利益。

"是以天下乐推而不厌。""推"是推举。"不厌"是不懈。句谓,正因为能代表人民的愿望利益,人民才不懈地乐于推选拥戴圣人。

"以其不争,故天下莫能与之争。""不争"是指不与人民争利。"莫能与之争"是莫能与之争位。句谓,正是因为圣人不与人民争利,所以天下人没有谁能与他争夺得了领导位置。

通章看,老子倡导的是民本思想,他歌颂的圣人是代表人民利益的统治者。讲的是统治者与人民之间的关系,也谈不上老子在代表什么阶层说话。

这一章说明以民为本,不争才能莫与之争的道理。

第六十七章

天下皆谓我道大,似不肖。夫唯大,故似不肖。若肖,久矣其细也夫!我有三宝,持而保之:一曰慈,二曰俭,三曰不敢为天下先。慈,故能勇;俭,故能广;不敢为天下先,故能成器长。今舍慈且勇,舍俭且广,舍后且先,死矣。夫慈,以战则胜,以守则固。天将救之,以慈卫之。

【译文】

天下人都说我讲的道大而不当,什么都不像。正因为它大,所以才什么都不像。如果像个什么的话,它早就小得没用了。我有三件法宝,要小心地持守保有它:一是慈善,二是节俭,三是不敢在天下争先。慈善,所以才能勇往无前;节俭,所以才用处广大;不敢在天下争先,所以才能成为万物之长。现在如果舍去慈善而勇往无前,舍去节俭却广为使用,舍去居后却去争先,就要死了。慈善用以作战就能胜利,用以防守就能坚固。天要救助一个人,就是用慈善的方法去维护他。

【讲疏】

这一章的难点是"慈"与"勇"的关系。老子说:"慈故能勇。"就是说,慈是勇的条件原因。为什么这么说?老子在最后说:"天将救之,以慈卫之。"意思是说,天要救助一个人,就是用慈的方法去维护他。

慈是天的方法,那么这个慈指的是慈善。《周易·系辞》里说:"一阴一阳之谓道,继之者善也,成之者性也。"意思是说,一阴一阳就是道,道的继续就是善,道的铸成就是性。《周易·文言》里说:"元者,善之长也。"意思是说,天地始生万物,是最大的善。慈善是大道天地的属性,故能法力无边,勇往无前,无坚不摧,老子说的勇,就是勇往无前。从人的角度讲,一个人为慈善可以无条件地舍生忘死,为其他目的就会有所顾惜。老子讲慈,不讲仁。仁是仁爱,是人的属性;慈是天的属性,两者有区别。

"天下皆谓我道大,似不肖。"帛书乙本丢了一个"道"字。这句话成了"天下皆谓我大,大而不肖"。句子不通了。显然没人会去争论老子大不大的问题,是因为老子提出了道的理论,人们才会去评论他的道如何。"不肖"是不像,意思是什么都不像,不像个有用的道。那么"大"就有了贬意,是大而不当的意思。句谓,天下人都说我讲的道大而无当,什么也不像。也就是说大而无用。

"夫唯大,故似不肖。"这几句是老子的反驳。句谓,正因为它大,所以才什么也不像。

"若肖,久矣其细也夫!""细"是小。句谓,如果像个什么的话,那它早就小得没用了。老子认为大有大用,小了反而没什么用处。

"我有三宝,持而保之。""持"是持守。"保"是保有。句谓,我有三样法宝,要小心地持守住保有它。这既是老子的自述,也是对学道之人的告诫。

"一曰慈,二曰俭,三曰不敢为天下先。""慈"是慈善。"俭"就是老子讲的"啬",节俭爱惜的意思。从自身角度讲,是对天所赋予的德性不要耗费;从物质的角度讲是节俭用度,爱惜物力。"不敢为天下先"就是老子经常提到的"不争先"。不争先是一种美德,老子自有说明,不能讲成退缩不前,不求进取。老子讲勇往无前,何曾让人退缩不前了？不争先用现代的话说略等于谦让,谦让的基础是先人后己的修养,也不是表面上的虚套。这在上一章里有明确的说明。句谓,我的三件法宝,一是慈善,二是节俭,三是不敢在天下争先。

"慈,故能勇。"句谓,正因为慈善,所以能一往无前。

"俭,故能广。""广"是用处广泛,到处有用。句谓,正因为节俭,所以才能用处广大。

"不敢为天下先,故能成器长。""器"就是物,"长"是长官。句谓,正因为不敢在天下争先,所以才能成为万物之长。这一句与上一章"以其不争,故天下莫能与之争",可以相互参考。

"今舍慈且勇,舍俭且广,舍后且先,死矣。"这几句都是假设复句的紧缩,扩展开是说,如果不能慈善还要勇往直前,如果不能节俭还要广泛滥用,如果不能居后还要争先,那就是找死了。总之是使用过量,超过了限度,导致丧生。

"夫慈,以战则胜,以守则固。"句谓,能够慈善,用以作战就能胜利,用以防守就能坚固,慈善法力无边。

"天将救之,以慈卫之。"这两句说明为什么慈善会有如此大的威力。句谓,天想救助一个人的话,就是用慈善的方法去维护他。慈善是天的属性,所以没有抗拒不了的力量。

这一章说明人应具备的三大德性:慈、俭、不敢为天下先。

第六十八章

善为士者不武,善战者不怒,善胜敌者不与,善用人者为之下。是谓不争之德,是谓用人之力,是谓配天、古之极。

【译文】

善于做将领的人,不崇尚武力;善于用兵的人,不发怒;善于战胜敌人的人,不与敌方对打;善于用人的人,对人谦下。这叫做不争的德性,这叫做使用人力的方法,这叫做符合天的法则,符合古人流传的法则。

【讲疏】

这一章顺便说一下老子的军事思想。

"善为士者不武。""士"可以指文士,也可以指武士,这里指武士。"善为士"与"善战"、"善胜"并举,这个"士"就不指单个的武士了。王弼说:"士,卒之率也。"这就把"士"放在了语言环境里,而不是孤立地讲了。"士"指的是指挥作战的将领。"武"是武力,"不武"是不崇尚武力。句谓,善于做将领的人不崇尚武力。

"善战者不怒。""怒"就是发怒。句谓,善于作战的人不发怒。

"善胜敌者不与。""与"是与敌方对打。与敌方对打,就把自己摆在了与敌方对等的位置上,胜负就各占一半了,不能稳操胜券。不与敌方对打,是要高出敌方一筹,从起步上就不把自己降低到与敌方对等的水平上。这才能稳操胜算,所以说,善于战胜敌人的人,不与敌方对打。

"善用人者为之下。""用人"在这里指用人去打仗。"之"指所用之人。"为之下"是使自己处在所用之人的下位,尊所用之人为上,不要妄自尊大。句谓,善于用人的人,对人谦下,不妄自尊大。

"是谓不争之德,是谓用人之力。""是"相当于"这","谓"是称做,叫做。句谓,这叫做不争的德性,这叫做善于用人之力。

"是谓配天、古之极。""配"是合,"天"是天道,"古"是古代的军事思想,"极"是法则的意思。古代的军事理论,我们现在能见到的典籍,最早的是孙吴兵法。在孙吴兵法以前,据说还有《金版》、《六韬》。传下来但却是后人写的还有《奇门遁甲》、《阴符经》等等。老子读过这些典籍,他说的"古之极"就是从这些古代典籍中提取出来的军事思想。句谓,这叫做符合天的法则,符合古代流传的法则。

老子在第三十章、三十一章、五十七章、六十七章里都谈到了用兵的问题。这一章与下一章又明确地在讲打仗。有人就说《老子》是一部兵书。我们对这个提法该怎样看?首先兵书是要研究军事理论和战略战术的,《老子》虽然提到用兵的问题,但并不以此为主。定性为兵书扰乱了人们对《老子》一书的正确认识。老子的有些提法与后来的孙吴兵法有时有相近之处,如《孙子兵法》里提到"不战而屈人之兵,善之善者也"。与老子讲的"善胜敌者不与",观点极为相似。但这只不过是兵法的基础理论,是从古人讲的大道中抽取出来的有关内容。兵法不是大道,而老子要说明的是大道。当然我们也不能说,《老子》里没有军事思想。老子的军事思想基本上是反战的,连争都不要,怎么会要战?但老子所处的那个时代就是个崇尚武力的时代,老子要让自己的道切于实用,就不得不面对这个现实。他认为人在不得已处于战争的时候,首先是不要陷进去,最好是用自己的道德赢得敌方的悦服，道德的力量比军事力量要强大得多。就是他说的"善胜者不与"。这与后人理解的"庙算"不同。退一步说，如果已经陷进去了，就要用道德的方法去用人，这就是他说的"善用人者为之下"。这就是他的军事思想。历史上还有很多人说《老子》是一部阴谋之书，那可真是别具眼光了。

第六十九章

用兵有言:"吾不敢为主而为客,不敢进寸而退尺。"是谓行无行,攘无臂,扔无敌,执无兵。祸莫大于轻敌,轻敌几丧吾宝。故抗兵相加,哀者胜矣。

【译文】
兵法家说,我不敢主动挑起战争,宁愿后发制人;不敢前进一寸,宁愿后退一尺。这叫做摆成没有阵式的阵式,捋起没有手臂的袖子,抓住没有敌人的敌人,拿着没有兵器的兵器。灾祸没有比轻易与人为敌更大的,轻易与人为敌几乎要把我的法宝丧失殆尽了。所以说,势均力敌的两军相临,具有哀痛之心的一方获胜。

【讲疏】
这一章中间的几句难理解一些。请注意一下古今汉语不同的表达方式。

"用兵有言。""用兵"指的是古代经典的军事理论,老子引用这些名言,是为了证明自己的说法是前人的成功经验。句谓,兵法家说过。

"吾不敢为主而为客,不敢进寸而退尺。"这两句指的是对待战争的总原则,不要理解为是讲具体的战役。"主"是主动挑起战争。"客"是后发制人,不是仅仅防守。用现代的话说就是,我不打第一枪,你如果打了第一枪我再还手。古人没有那么傻,古代的军事经典更不可能让人总是被动防御。但对待战争的总原则是,我绝不主动挑起战争,宁可后发制人;我绝不主动进攻一寸,宁可退后一尺。也就是说,能退出战争尽量退出战争,不逼得没办法就不打仗。老子所以欣赏这两句话,正是因为它具有战略高度。如果把它当成是具体的作战方法,那就太没劲了,也太小瞧老子了。

"是谓行无行,攘无臂,扔无敌,执无兵。"这几句的"行、攘、扔、执"是动词,"无行、无臂、无敌、无兵"是动词的宾语。"行(háng)"指排兵布阵的阵。"攘"是捋起袖子伸出拳头。"扔"是抓住。"执"是拿着。"兵"是兵器。句谓,这叫做排出了没有阵势的阵势,伸出了没有胳膊的拳头,抓住了没有敌人的敌人,拿着没有兵器的兵器。所谓"无"指的是无形的东西,不是真的没有,要用现代的话打比方说就是,我排出的是和平的阵势,伸出的是正义的拳头,抓住的是思想的敌人,拿的是道德的武器,所以才能战无不胜。老子认为这些是不可抗拒的力量。这几句也不能理解成什么瞒天过海、借刀杀人、诱敌深入、暗箭伤人等计谋。老子的意思并不在此。他是从战略角度说明怎样才能"善胜敌者不与"。

"祸莫大于轻敌,轻敌几丧吾宝。""轻敌"在《老子本义》里改成了"无敌",魏源还讲了一通道理。但这显然错了。道德的力量就是无敌,可以征服一切,所以老子才宣扬道德。"轻敌"与我们今天说的轻视敌人不同,指的是轻易挑起战争。老子主张不轻易树敌,这与"不敢为主而为客"前后意思相贯。"宝"即第六十七章的三宝,这里重点指的是"不敢为天下先"。句谓,灾祸没有什么比轻易挑起战争更大的了,轻易挑起战争,几乎要把我奉为法宝的"不争"丧失殆尽了。"几"是几乎,但它修饰的是"丧"的程度。这个地方理解起来也容易出错。

"故抗兵相加,哀者胜矣。""抗"是对,"抗兵"是势均力敌的敌我两军。"加"是临。"哀"指具有哀痛之心。句谓,所以,势均力敌的两军对阵相临,具有哀痛之心的一方就会胜利。这是因为,哀痛的一方进行的是正义战争,正义战争迟早会胜利。这与老子强调的道德的力量无敌于天下是一致的。

这一章说明道德的力量天下无敌。

第七十章

吾言甚易知，甚易行。天下莫能知，莫能行。言有宗，事有君。夫唯无知，是以不我知。知我者希，则我者贵。是以圣人被褐怀玉。

【译文】

我的话很容易懂，很容易实行。天下人却没有人能懂，没有人能实行。说出的话有本宗统摄，做出的事有主宰决定。正是因为人们无知，所以不能理解我。知道我的人稀少，取法于我的人尊贵，因此圣人穿的是粗布衣，怀里揣的是宝玉。

【讲疏】

老子的这一章非常朴实，但你要想全部把握它，最好从三步层层深入。第一步可以理解为老子这不是在为自己的学说做广告词吗？但一思考就会明白，它为什么要做广告词？是因为老子认为自己的主张卖不出去了吗？显然不是。第二步他是想说明自己的学说是可靠的，成体系的。第三步他为什么要说自己的学说是成体系的？是为了告诉你学习他的学说的方法，要从体系上去把握，不要停留在表面上。他有两句非常关键的话，就是"言有宗，事有君"。古人已经体会到这六个字的分量，所以一再引用。但还没有用现代的话表达出来，下面我们分别说明。

"吾言甚易知,甚易行。"这两句很好理解,就是说,我的话很容易明白,也很容易实行。

"天下莫能知,莫能行。"这两句也很通俗,就是从反面说,但是天下人却没有人能理解,也没有人能实行。

"言有宗,事有君。""宗"是本宗。"君"是主宰。老子这一章都是在说自己。"言"也是指自己的言。"事"也是指自己的事。他说自己说的话有本宗,自己要求人做的事有主宰,是鉴于"莫能知"、"莫能行"讲的。意思是说,说的话、做的事都不是没依据的,有一个只能这么说、只能这么做的道理在里面。它是成体系的,不是随便讲的。"本宗"、"主宰"是什么?当然是大道。所以这两句话看似在为自己的道做广告,实际上是在说,我说的话都是有个本宗在统摄,做的事有个主宰在决定,不是想怎么说就怎么说,想怎么做就怎么做。一般人"莫能知、莫能行",除了不愿意知、不愿意行以外,主要是没有能从体系上把握它,不懂得它的根本、主宰是什么,致使"易知"、"易行"的理论,变得"莫能知"、"莫能行"。

"夫唯无知,是以不我知。""无知"就是指的不知"宗"和"君"。"不我知"就是不知我说的道。句谓,正因为人们不知道我说的话、做的事的根本和主宰是什么,所以就不知道我说的道。

"知我者希,则我者贵。""知我"就是知道我的"宗"和"君",也就是知道说的话的根本。"希"就是稀少。"则"是效法。句谓,能从根本上知道我的人很稀少,如果能取法于我的大道就能尊贵。这是在告诉人们怎样才能学会、学懂老子的话。也就是说,要从根本上去学,要从体系上去学。不要就话学话,就事论事,那只能学个皮毛。

"是以圣人被褐怀玉。""被"是穿上。"褐"是粗布衣服。"怀玉"如同说怀宝。句谓,因此,圣人总是穿着粗布衣,但粗布衣裹在怀里的却是宝玉。这一句是比喻,"褐"比喻语言的皮毛,玉比喻语言的内涵大道。也就是说,圣人说的话虽然听起来没什么新鲜,好像是与一般人说的没什么两样,但它的内涵却是大道的宝玉。还是要人们从根本上去学,不要光看皮毛。

非常可惜,老子的这一章也被人误解得不轻。有人甚至说,老子自以为很高明,颇有怀才不遇、曲高和寡的苦闷,其实他唱出的是没落阶级的挽歌,并不是人们不了解他,而是历史抛弃了他。这是哪挨哪的话,这可真是不知"言有宗、事有君"了。

这一章告诉人们要从本宗上学习大道。

第七十一章

知不知,上;不知知,病;夫唯病病,是以不病。圣人不病,以其病病,是以不病。

【译文】

已经有了知识,还以为没有知识,这是上等的有知。没有知识,还以为有了知识,这是有知的弊病。正是因为把弊病当做弊病,所以才没有弊病。圣人没有弊病,正是因为他把弊病当做是弊病,所以才没有弊病。

【讲疏】

这一章基本上都用的是意动表达方法。意动用法主要就是一种以什么为什么,把什么当成什么的用法,是一种主观上的认识。

"知不知,上。""不知"是意动用法。"上"也是针对有知说的。句谓,已经有了知识,还以为没有知识,这是上等的有知。人认知世界是个无穷的过程,《庄子·养生主》里说:"吾生也有涯,而知也无涯。"意思是说,我的生命是有尽的,而知识却是无尽的。认识到这一点就会清醒地看到,每个人都有自己并没有认知的领域,这个领域比自己已经认知的领域大得多。这样才能把自己的知识放在一个合理的限度里,这才是清醒的、正确的,所以才是上等的有知。

"不知知,病。"后一个"知"是意动用法。"病"是弊病、毛病、错误。句谓,没有知识,还以为有了知识,这是认知的弊病。也就是说,这是认知的错误做法。

注意以上两句是对举的,"上"与"病"意思互相补充。"病"是错误,"上"就是正确;"上"是上等,"病"就是下等。这样我们就可排除一些错误的讲法。比如有人说,"知不知"是把知道当成不知道,或知道装不知道等等。这显然都是不正确的。孔子在《论语·为政》里说"知之为知之,不知为不知,是知也",这个观点与老子的说法相似。可见,这句话没有给人留下可以做出第二种解释的余地。只能解释为,已经有了知识,还认为自己没有知识。也就是说,还知道自己有许多没有认知的领域,这才是正确的认知。也有的人把"不知知"讲成是"不懂装懂",这也不行。老子谈的是认知方法的等次,"不懂装懂"算不上认知方法,不上档次,那只能算是为人的态度。这样我们就可以确定"不知知"只能理解为,本来没有知识,还认为自己有了知识。他是真以为自己有了知识,不是在装。这才是认知的错误,下等的认知做法。

"夫唯病病,是以不病。"前一个"病"是意动用法,是以什么为病的意思。第二个"病"是名词用法,是弊病。后一个"病"是一般动词用法,是犯了弊病。句谓,正是因为把弊病当成是弊病,才去克服弊病,所以才能不犯弊病。也就是说,知道什么是认知的错误,不重蹈错误,所以才能不犯错误。

"圣人不病,以其病病,是以不病。""不"是否定副词,一般修饰动词,带"不"的"病"都可作一般动词理解。句谓,圣人不犯错误,正是因为他把错误当成错误,因此不犯错误。灵活一些,可以说成,圣人没有弊病,正是因为他把弊病当成弊病,所以没有弊病。

这一章说明,有自知之明是人类认知的正确方法。

第七十二章

民不畏威,则大威至。无狭其所居,无厌其所生。夫唯不厌,是以不厌。是以圣人自知不自见,自爱不自贵。故去彼取此。

【译文】

百姓不怕威压的时候,大祸就要降临了。不要嫌自己的宫室狭小,不要嫌自己的生活条件不好。正是因为不嫌弃自己的生活条件,所以才能满足。因此圣人有自知之明而不自我显耀,有自爱之心而不自以为高贵。所以要去掉后者,选取前者。

【讲疏】

这一章问题比较多,总的说,王弼讲得好些。我们在理解时,要抓住一条主要线索,确定老子是在针对什么人说的。就全章而言,这一章是对统治者的劝导。脱离了这条主线去讲解的说法,就可以放弃了。

"民不畏威,则大威至。"此句从字面义上理解是说,百姓不怕威胁,那么大的威胁就来了。那么这个威胁是对谁的威胁呢?第七十四章说:"民不畏死,奈何以死惧之?"可见"民不畏威",意同"民不畏死"。"则大威至"意同"奈何以死惧之"。有老子自己的话作证,那些猜测之词可以不理。"大威"是对统治者说的。句谓,老百姓到了不怕威压的时候，那么统治者的大祸可就临头了。也就是说，你想用杀人的办法去镇压，老百姓不怕，你任何办法都没有，只能等待灭亡了。王弼说："威不能复制民，民不能堪其威，则上下大溃矣。天诛将至，故曰民不畏威，则大威至。"意思是说，统治者的高压政策再也制不住百姓了，老百姓忍受不了这种高压了，那就上下都要崩溃了。上天的诛罚就要到来，所以才说"民不畏威，则大威至"。"威"是统治者的威压。"大威"是百姓的威力，王弼把它说成是"天威"。很多人没绕过这个弯来，说大威是百姓受到的威。这就不合老子的原意了。

"无狭其所居，无厌其所生。""狭"有的本子作"狎"。帛书甲本作"闸"，乙本作"伸"，碑本作"狭"。比较起来碑本为长。因为与"狭"并举的"厌"字没有异文。"狭"与"厌"可以相互证明。"厌"是嫌弃的意思，"狭"就是嫌弃狭窄的意思，是意动用法，即以为狭的意思。"居"是自己住的宫室。"生"是自己的生活条件。句谓，要想避免大祸临头，最好是不要欺压百姓，收敛一点欲望，不要老是嫌自己的宫室不够宽大，不要老是嫌自己的生活条件不好。这个意思在第七十五章里也有证明："民之饥，以其上食税之多，是以饥；民之难治，以其上之有为，是以难治；民之轻死，以其上求生之厚，是以轻死。"老不满足就会加重剥削，加重剥削百姓就要反抗，反抗就要造成大祸。消除大祸的办法是克制欲望，不要老嫌这也不好，那也不好，人心无足。

"夫唯不厌，是以不厌。"前一个"不厌"是不嫌弃，后一个"不厌"是从不嫌弃引申出满足的意思。句谓，正是因为不嫌弃自己的生活条件不好，所以才能经常感到满足。这两句不是重复，是说明人知足的方法。

"是以圣人自知不自见，自爱不自贵。""自知"是有自知之明，懂得要知足。"不自见"是不自我显耀，就是不让自己总想高人一等，人为地去搞特殊待遇，用房子比别人大、车子比别人好来显示身份不同。"自爱"是自己爱护自己。"自贵"是自己觉得比别人高贵。句谓,因此圣人有自知之明,但不用特殊化显耀自己;自己爱护自己,但不用特殊化表现高贵。

"故去彼取此。""去"是去掉、舍弃。"取"是选取。"彼"指的是自见、自贵。"此"指的是自知、自爱。句谓,所以要去掉自见自贵的做法,选取自知自爱的做法。

这一章说明去欲知足是维护统治的方法。

第七十三章

勇于敢则杀,勇于不敢则活。此两者或利或害。天之所恶,孰知其故?是以圣人犹难之。天之道,不争而善胜,不言而善应,不召而自来,繟然而善谋。天网恢恢,疏而不失。

【译文】

敢于大胆的人就会动用刑杀,敢于胆小的人就会放人生路,这两种做法都有利也有害。天所厌恶的东西,谁知道是什么缘故?因此圣人也觉得为难。天的大道是,不争而善于取胜,不说而善于应验,不召唤而让他自己到来,无思无虑却善于谋划。天网广大,稀疏却不漏失。

【讲疏】

从上一章一直到下一章老子开始讨论法治的问题,理解时要注意这条主线,不然又要走偏锋了。

"勇于敢则杀,勇于不敢则活。"这两句根本就不是讲养生的问题,谈的也不是个人问题,而是如何治理国家的问题。上一章里已经提到,用高压政策只能激化矛盾,不能治理国家。下一章又讲"执而杀之"。这一章里又讲"天网恢恢,疏而不失"。这还不是清楚地在讲法治问题吗?老子的文章固然可以分章,但章与章之间也是有联系的。老子对当时治国的方法都有所评述。前面讲了仁义礼智治国，武力治国，这里再讲法律治国，这是个勿庸置疑的问题。"勇"就是勇敢，"敢"就是胆大，"杀"就是刑杀。"活"与"杀"对举就是活人不杀，即放人生路。句谓，敢于大胆就会动用刑杀。敢于胆小就会放人生路而不杀。

"此两者或利或害。"这一句是老子的观点，更不能乱讲。"两者"指胆大与胆小，"或利或害"是有利也有害的意思。就是说，胆大用刑杀有利也有害，"利"是惩治恶人，"害"是容易滥杀无辜；胆小轻易放人同样有利也有害，"利"是不会滥杀无辜，"害"是放过了坏人。老子的意思是说，用法治治国，不就是不想放过一个坏人，也不想冤枉一个好人吗？但是这两种做法都达不到预期目的。法律严了就要冤枉好人，宽了就会放过坏人，无论你宽与严都不可能治好国家。

"天之所恶，孰知其故？""恶"是厌恶。"孰"是谁。句谓，上天所厌恶的，谁知道是什么缘故？内涵义是说，谁能把握得好？以法治国不是严就是宽，宽严都不合天道。

"是以圣人犹难之。""难之"是以之为难。句谓，因此圣人也会感到用法治国难以把握，更何况是一般的人。

"天之道，不争而善胜，不言而善应。"这几句意在说明用天道治国的好处。句谓，用天道治国就不同了，天道是不与人争，但它却能够胜利；不说却善于应验。

"不召而自来，繟然而善谋。""自来"是自己会来。"繟（chǎn）然"与"善谋"对举，是无思无虑的样子。其他讲法都不正确。句谓，天道是不召唤，但他自己会来；无思无虑但却谋划得无懈可击。这比法治要好得多。

"天网恢恢，疏而不失。""恢恢"是广大的样子。"疏"是网孔稀疏。"失"是漏失。句谓，天网广大无边，网孔稀疏，但任何恶人都不会漏网。也就是说，用法治国比起用天道治国来要差得远。

总之，这一章是说明以法治国远不及以天道治国。

魏源说："此老子悯时救世之心也。见当时勇于用刑，故戒之曰，人之用勇不可不慎也。有勇于敢者，则常主于必杀；有勇于不敢者，则常主于活人。"他的意思是说，这一章是老子悯时救世的苦心呵！他看到当时的统治者总想用刑杀的办法治理国家，所以才告诫他们说，人在敢作敢为的时候不能不小心谨慎呵！敢于大胆的人就会主张开杀戒，敢于胆小的人就会主张放人生路。魏源讲的这一点是合乎老子原意的，但他还是没有说清楚老子为什么这么说。其实老子想要证明的是法治不如天道而治。说到根上，还是说仁义礼智治国不行，武力治国不行，以法治国也不行，要治国还得要依靠大道。

第七十四章

民不畏死,奈何以死惧之?若使民常畏死,而为奇者,吾得执而杀之。孰敢?常有司杀者杀。夫代司杀者杀,是代大匠斲。夫代大匠斲者,希有不伤其手矣。

【译文】
百姓不怕死,用死来吓唬他们又有什么用呢?如果百姓常常畏惧死亡的话,那些邪恶的人,我把他抓起来杀掉,谁还敢作恶?国家经常设置着法治机构专管刑杀,如果君王代替法治机构去刑杀,这就等于是代替木匠去劈砍木头。代替木匠去劈砍木头,很少有不伤手的。

【讲疏】
这一章还是继续讨论法治问题。按这条线去读,我们就可以看清前人注释中的盲点。

"民不畏死,奈何以死惧之。""奈何"是怎么能的意思。这句话人们经常引用,意思就是说,老百姓不怕死的话,你用死来吓唬他们还有什么用?但老子在这里要说明的是什么问题呢?他是要说以法治国不顶用,法治的极刑不就是杀人吗?但这要有个前提,那就是老百姓不愿死,不想死,怕死。失去了这个前提,连你的最高手段都失效了。可见高压政策不能维护国家。

"若使民常畏死,而为奇者,吾得执而杀之。孰敢?""奇"指的是邪恶。"执"是抓起来。"孰"是谁。这几句承上而言,是说,那么怎么办?办法就是你得先让百姓不愿死,不想死,害怕死。老百姓在什么情况下才不怕死?在他被逼得没有生路,完全失去了生存条件的情况下才不怕死,活得好好的谁愿意去死?所以一个统治者首先要做的是,保证自己的百姓具备生存条件,而不是加大刑法的力度。百姓有了生存条件,对那些邪恶的人抓起来杀了,谁还敢作恶?可见老子不是不要刑法,他实际上是想说,刑法的作用要有条件做保证,这个条件就是百姓具备生存条件,满足百姓具备生存的条件,那就不如以大道治国了。

"常有司杀者杀。""司杀者"指的是国家设置的法治机构,不是指什么天道。老子也不是不要法治,他只不过是认为治国的根本方法是大道治国,"法治"是下位层次的治国之术,术不能与道放在一个层面上,要以道统术。国君要掌握的是道,下设机构管的是术,不能混为一谈。所以他说,百姓有了生存条件,惩治邪恶的工作,国家有常设的法治机构专管刑杀,用不着国王操心。

"夫代司杀者杀,是代大匠斲。""大匠"就是木匠。"斲(zhuó)"是木匠的劈砍。句谓,国王如果代替法治机构去管刑杀的话,那就如同是代替木匠去劈砍木头一样。就是说,国王如果不用大道治国而是用法治治国,那水平就太低了。

"夫代大匠斲者,希有不伤其手矣。"句谓,代替木匠去劈砍木头,很少有不伤手的。意思是说,"代大匠斲"不仅是个水平低的问题,而且还会有害处。

从以上的阅读中,我们可以知道,老子批判法治治国,是针对最高统治者讲的,并不是不要法治。他是认为,用大道治国,法治自然会起相应的作用,但本末倒置不行。这与他批判崇尚仁治、礼治、智治、武力等的观点是一致的。

　　这一章进一步说明法治治国远不及大道治国,指出法律应交给有关机构去执行。

第七十五章

民之饥,以其上食税之多,是以饥;民之难治,以其上之有为,是以难治。民之轻死,以其求生之厚,是以轻死。夫唯无以生为者,是贤于贵生。

【译文】

百姓饥饿,是因为在上的统治者吞食的租税太多,所以才饥饿;百姓难以治理,是因为在上的统治者强作妄为,所以才难治理;百姓不怕死,是因为在上的统治者过分追求生活享受,所以才不怕死。只有放弃一味求生的做法,才胜过厚养生命。

【讲疏】

这一章的主要线索,王弼讲得好,他说:"此承上章'民不畏死,奈何以死惧之'而申言也。"申言就是展开说。

"民之饥,以其上食税之多,是以饥。""食税"是收取租税。此句是讲统治阶层与人民群众的矛盾激化的经济原因。句谓,百姓饿得要死,是因为上面的统治者对百姓征收的税赋太多,所以才饿得要死。显然,老子认为是统治者的横征暴敛造成了民不果腹,矛盾激化的经济根源在上不在下。

"民之难治,以其上之有为,是以难治。""有为"是有所作为,指统治者好大喜功,以及为自显高贵而强作妄为。此句是讲统治阶层与人民群众矛盾激化的政治原因。句谓,百姓难以统治,是因为上面的统治者好大喜功,总是想显示自己比百姓高贵,搞太多的花样,所以才难以统治。显然,老子认为是统治者的强作妄为造成了百姓不服管理,矛盾激化的政治根源也在上不在下。

"民之轻死,以其求生之厚,是以轻死。""求生之厚"是指过分追求生活享受。此句是讲统治阶层与人民群众矛盾激化的社会原因。句谓,百姓不怕死,是因为上面的统治者过分地追求丰厚的生活享受,所以百姓不怕死。显然,老子认为,是统治者为自己的享受而剥夺了人民群众的基本生存条件才逼得百姓不怕死。矛盾激化的社会根源也在上不在下。

"夫唯无以生为者,是贤于贵生。""以生为"是为满足生命、生活的欲望去追求。"贤"是胜过。"贵生"就是把命看得值钱。句谓,放弃一味追求满足欲望来求生的做法,要远远胜过厚养生命。这一句是老子给统治者开的药方。不过,老子是站在哲学的高度,把这个药方提升为一种普适性的规律。

这一章说明统治阶层的贪求欲望是造成统治失灵的根源,解决的办法是消除根源而不是法治的高压。

第七十六章

人之生也柔弱,其死也坚强。万物草木之生也柔脆,其死也枯槁。故坚强者死之徒,柔弱者生之徒。是以兵强则灭,木强则折。强大处下,柔弱处上。

【译文】

人在初生时身体柔软,死了以后身体变得僵硬。万物草木活的时候也是柔弱的,死了以后就变得干硬枯槁。所以坚硬强壮属于死的类型,柔软稚弱属于活的类型。因此,兵力强硬就会灭亡,树木强硬就会折断。强大的一头总是在下边,柔弱的一头总是在上边。

【讲疏】

这一章是老子从生活中提取出的自然辩证观点,也是对他柔弱胜刚强观点的解释。从老子自己的解释中可以看出,柔弱胜刚强的主要意思是,柔弱比刚强好,柔弱战胜刚强的意思是在这个基础上的再提升。

"人之生也柔弱,其死也坚强。""柔弱"包括柔软、稚嫩、弱小等意思。"坚强"包括坚硬、刚强、壮大等意思。句谓,人在初生的时候身体柔软、稚嫩、弱小,死了以后身体就变得坚硬、刚强、僵直了。

"万物草木之生也柔脆,其死也枯槁。""柔脆"意同柔弱,"枯槁"意同坚强。只是从草木的角度上说得更具体一些。句谓,万物无不如此,草木活的时候是柔软脆弱的,到死了以后就变得干硬枯槁了。

"故坚强者死之徒,柔弱者生之徒。""徒"是类别、类型。句谓,所以说坚强属于死的类型,柔弱属于活的类型。

"是以兵强则灭,木强则折。""兵强则灭,木强则折。"通行本作"兵强则不胜,木强则兵",列子黄帝篇,淮南子原道训等书均引作"兵强则灭,木强则折"。比较起来,以列子、淮南子引文为长。"折(shé)"是断。句谓,因此兵力强大就会灭亡,树木强大就会折断。这两句前人举了很多例子做了说明。(如春秋时韩、赵、魏三家分晋,智伯力量最强大,但智伯早早灭亡了。)这里补充一点,前人举的例子大多是强大造成的外部原因,导致灭亡。但老子的意思更深刻一些,他讲的是自然规律,强调的是内因,没有外因,自己本身也会走向灭亡。太强大了就要质变,外因还在其次。

"强大处下,柔弱处上。""处上"、"处下"指所在位置,即在上边、在下边的意思。一棵树,大头在下边,小头在上边。一间房子,结实的一头在下边,不结实的一头在上边。句谓,强大的一头在下边,柔弱的一头在上边。把这个规律推而广之,就是想居于上位就要柔弱。

这一章用生动的实例说明柔弱胜刚强的自然规律。

第七十七章

天之道,其犹张弓乎?高者抑之,下者举之;有余者损之,不足者补之。天之道,损有余而补不足;人之道则不然,损不足以奉有余。孰能有余以奉天下?唯有道者。是以圣人为而不恃,功成而不处,其不欲见贤。

【译文】

天之道好像开弓射箭吧?比靶子高了就往低压一压,比靶子低了就往高抬一抬。拉得太满了就减点力量,拉得不足了就增点力量。天道是减损有余的,增补不足的。人之道就不是这样了,是减损不足的,增补有余的。谁能减损有余去奉养天下的不足呢?只有有道的人才能做到!因此,圣人做出了贡献不依赖,成功了不居功,不愿意显示自己的贤能。

【讲疏】

这一章从天道与人道的对比上说明老子在前面提出的"不自见"、"不自伐"、"不欲见贤"、"为而不恃"、"功成不居"等的理由。

"天之道,其犹张弓乎?""张"者,开也。"张弓"就是拉开弓射箭。河上公说:"天道暗昧,举物类以为喻也。"意思是说,天道看不见,举个可见的例子比喻一下。句谓,天之道好像与拉弓射箭的做法一样吧?天道就是天的运行规律。

"高者抑之,下者举之。""抑"是压低。"下"是低。"举"是抬高。这是指拉弓射箭时的做法。句谓,自己的弓箭举得比靶子高了就往下压一点,比靶子低了就往高举一举。

"有余者损之,不足者补之。""损"是减损。"补"是增补。这也是指拉弓射箭时的做法。句谓,用的力量比到达靶子需要的力量大了,就减少点力量;比到达靶子需要的力量小了,就增加点力量。"有余"就是力量大了,指弓拉得太满了,"不足"就是力量小了。

"天之道,损有余而补不足。"天的运行规律就是,减损多余的,增补不足的。《周易·谦》卦里说:"天道亏盈而益谦,地道变盈而流谦。"意思是说,天道是减损满盈,增益谦下;地道是高山变为深谷,深谷变为高山,也是减损满盈流向谦下。《丰》卦的彖辞又说:"日中则昃,月盈则食,天地盈虚,与时消息。"意思是说,太阳到了正午就要西斜,月亮到了圆满就要亏蚀,天地盈虚,伴随时序消长。天地的运行规律是损有余补不足,这是古人的共识。老子又举了个生动的例子加以说明。

"人之道则不然,损不足以奉有余。"句谓,人的活动规律就不这样了,减损不足的,奉献给有余的。与天道完全相反。这就形成了鲜明的对比,当然就有优有劣了。

"孰能有余以奉天下?唯有道者。""孰"是谁。"道者"是有天道的人。句谓,谁能够把有余的东西去奉养天下那些不足的人呢?只有有道的人才能做到。也就是说,选择天道为优,选择人道为劣。

"是以圣人为而不恃,功成而不处,其不欲见贤。""为"是做出了贡献。"处"用同居。"见贤"是显示贤能。句谓,因此,圣人为人类做出贡献但不依赖这些成绩,成就了功业但不居功,不想显示自己的贤能。因为天道就是如此,如果反着去做,那就落入人道的劣根性上去了。

这一章说明天道与人道的不同,指出奉行天道的人要损有余而奉不足。

有人从这段话里得出老子是平均主义者的结论,这恐怕不妥。老子说的是天道。上引《周易》的话里,直接说天道的就是日月的运行,日有中昃,月有圆缺,能说天道是平均主义吗?但无论怎样变化,有多么不平均,最后还是有一个制衡的道在管着,谁都逃脱不了。老子讲的是这个制衡的道,而不是平均主义。

第七十八章

天下莫柔弱于水,而攻坚强者莫之能胜。其无以易之。柔之胜刚,弱之胜强,天下莫不知,莫能行。是以圣人云,受国之垢,是谓社稷主;受国不祥,是谓天下王。正言若反。

【译文】

天下没有比水更柔弱的东西了,但真能攻克坚强的,什么东西也胜不过水。任何东西都取代不了它。弱能胜过强,柔能胜过刚,天下没人不知道,但却没人能照着做。因此圣人说,承受全国的污垢,才是国家的君主;承受全国的灾祸,才是天下的君王。正面的话听起来好像反说一样。

【讲疏】

这一章把柔弱胜刚强的普遍规律应用到统治者治国的具体问题上来,最后又概括出正与反的辩证关系。可以看出老子从一般到个别,从个别到一般的思维方法。

"天下莫柔弱于水,而攻坚强者莫之能胜。""攻坚强者"就是能攻克坚强之物的东西的意思。"胜"就是胜过的意思。《老子本义》"胜"作"先"。句谓,天下没有什么比水更柔弱的了,而能攻克坚强之物的东西却没有什么能比得了水。这句话,河上公注说:"圆中则圆,方中则方,拥之则止,决之则行。"这是讲水的柔弱。意思是说,水比面团子还柔弱,可以随便捏,放在圆的东西里它就圆,放在方的东西里它就方,一堵它就不流了,挖个口子它就流出来。所以才说,水是天下最柔弱的东西。但是它要是发起威来,那可是无坚不摧。且不要说,水滴石穿这样的老话,就谈人能胜天的现代,谁又能抗拒得了海啸?

"其无以易之。""易"是取代。句谓,在无坚不摧的东西里,没有任何东西可以取代它。以上说的是具体的水。

"柔之胜刚,弱之胜强。"这两句就是从具体事物概括出了一般规律。句谓,柔能胜过刚,弱能胜过强。

"天下莫不知,莫能行。""行"是实行,照着去做。句谓,天下没有哪个人不知道,但又没有哪个人去照着柔弱胜刚强的规律做。

"是以圣人云。"句谓,因此圣人说。哪个圣人说的,老子没具体说,但老子会有所依据。在前人的传述里讲到,老子去向商容讨教养生之道,商容年老齿豁,一句话也没说,就向老子张开嘴吐出了舌头给他看。老子回去一想,就明白了一个道理,牙齿坚硬却早早掉了,舌头柔软却丝毫未损,柔弱胜刚强。

"受国之垢,是谓社稷主;受国不祥,是谓天下王。"这几句就是老子引用圣人的话。"垢"是污垢。"社稷"指国家。句谓,承受国家的污垢,才叫做国家的君主;承受国家的灾祸,才叫做天下的君王。这几句是把柔弱胜刚强的一般规律应用到统治者身上来。《淮南子·道应训》里举了个例子:"宋景公之事,荧惑在心,公惧,召子韦而问焉。曰:'荧惑在心,何也?'子韦曰:'荧惑,天罚也。心,宋分野。祸且当君。虽然,可移于宰相。'公曰:'宰相所使治国家也,而移死焉,不祥。'子韦曰:'可移于民。'公曰:'民死,寡人谁为君乎?宁独死身?'子韦曰:'可移于岁。'公曰:'岁,民之命。岁饥,民必死矣,为人君而欲杀其民以自活也,其谁以我为君乎?是寡人之命固已尽矣。子韦无复言矣。'子韦还走,北面再拜曰:'敢贺君。天之处高而听卑。君有君人之言三,天必有三赏君。今夕星必徙三舍,君延年二十一岁。'公曰:'子奚以知之?'对曰:'君有君人之言三,故有三赏。星必三徙舍,舍行七里,三七二十一,故君移年二十一岁。臣请伏于陛下以伺之。星不移,臣请死之。'公曰:'可。'是夕也,星果三徙舍。故老子曰:能'受国之不祥,是谓天下王'。"意思是说,这就如同是宋景公的故事。有一天晚上,宋景公看见天上的火星走到了心宿的位置上,很害怕,就把天文官子韦叫来问他,说:"火星走到了心宿的位置上,这预示着什么?"子韦说:"火星象征上天的惩罚。心宿正对应我们宋国的地盘。灾祸要降临到大王身上。虽然如此,但还是有办法把灾祸转移到宰相身上。"宋景公说:"宰相是让他治理国家的,转移到他身上死了,这不好。"子韦说:"也可以转移到百姓身上。"宋景公说:"百姓死了,我给谁当国君呢?我宁愿自己死了。"子韦说:"还可以转移到收成上。"宋景公说:"收成是百姓的命脉,没了收成闹饥荒,百姓定会饿死,当国君要杀害他的百姓,自己活着,谁还把我当国君呢?这是我个人的命限到头了,子韦你不必再说了。"子韦退后几步,面向景公拜了两拜,说:"向大王祝贺呵!天虽然高,但它听得见下边的声音。大王说了三句配当国王的话,上天必会奖赏三步。今晚火星必定会退避三舍,大王能增寿二十一年。"宋景公说:"子韦何以知之?"子韦回答说:"大王说了三句配当国王的话,上天会奖赏大王三步。火星会退避三舍,一舍七里地,三七二十一,所以大王能增寿二十一年。我就在台阶下边等着看,火星如果不退避,请大王赐我死罪。"宋景公说:"好呵。"这天晚上,火星果然退避了三舍。所以老子说,能受国之不祥,是谓天下王。

"正言若反"。句谓,正面的话听起来好像反说一样。老子又把个别归纳为一般。

这一章再次阐明柔弱胜刚强的道理。

第七十九章

和大怨,必有余怨,安可以为善?是以圣人执左契而不责于人。故有德司契,无德司彻。天道无亲,常与善人。

【译文】

调和大怨大恨,肯定还会留有余恨,怎么可以做善事呢?所以,圣人总是拿着放贷的契约,但不向人讨债。有道德的人手里拿着放贷的契约,没有道德的人手里拿着征税法。天道没有偏爱,总是保佑善人。

【讲疏】

这一章涉及到古代的一些名物,读的时候注意一下。

"和大怨,必有余怨,安可以为善?""大怨"是大的怨恨。句谓,调和大的怨恨,定然还会留有余恨化解不掉,这种调和的方法,怎么可以做善事呢?

"是以圣人执左契而不责于人。""契"是古代的契约,一般是在一块木板或竹板上写好借贷的内容,然后从中间成齿状锯开,甲乙双方各执一半,对合做凭据。左契是放贷人手里留下的讨债凭据,就是债权人手里的存根。右契是借贷人手里的凭据,还贷后用它要求债主把存根毁掉。前人的注释里有把左右契讲颠倒的。这里说明一下,老子在第三十一章里说:"君子居则贵左,用兵则贵右。"日常生活里左边为贵,说明左契应当在债权人手里。第四十一章里说:"夫唯道善贷且成。"这里说圣人"执左契",圣人奉行大道,是向外放贷,可证明"左契"是放贷的凭据。"责"是责求,用在这里是收债的意思。句谓,所以,圣人总是手里拿着放贷的凭据但不向人讨债。意思是说,圣人总是向外施与不求回报。与第三十四章说的"万物恃之以生而不辞,功成而不名有,衣养万物而不为主"大意相同。

"故有德司契,无德司彻。""司"是主管、掌握。"契"即左契。"彻"是周朝的赋税法,每个劳力分给一百亩土地,称做一夫之田,国家按收成的十分之一征收土地税。夏朝时称做贡,商朝时称做助,到了周朝称做彻。《孟子·滕文公》篇里说:"夏后民五十而贡,殷人七十而助,周人百亩而彻,其实皆什一也。"说的就是这种税制。句谓,有道德的人手里拿的是放贷契约,而没有道德的人手里掌握的是征税法。也就是说,有道德的人施与不求回报,没有道德的人总是从别人那里索取。

"天道无亲,常与善人。""亲"是爱。"与"义同保佑。"善人"即有道德的人。句谓,天道对人没有远近,不偏爱任何人,常常保佑善人。《左传》里把这个意思说成是"皇天无亲,惟德是辅"。

这一章说明圣人施与而不求回报的道德。

第八十章

小国寡民,使有什佰之器而不用。使民重死而不远徙。虽有舟舆,无所乘之;虽有甲兵,无所陈之。使民复结绳而用之。甘其食,美其服,安其居,乐其俗。邻国相望,鸡犬之声相闻,民至老死,不相往来。

【译文】

国家小人民少,即使有十倍百倍效率的工具而不使用。使人民看重死亡而不向远方迁徙。虽有车船,没地方去可乘坐。虽有武器铠甲,没有战事可排兵布阵。使人民回复到结绳记事的太古时代。觉得自己吃的饭菜甘甜可口,自己穿的衣服美观顺眼,自己住的房子安好舒适,自己的风俗习惯喜欢快乐。邻国之间互相望得见,鸡鸣狗吠的声音互相听得见,但直到老死也互不往来。

【讲疏】

这一章要澄清的是小国寡民是不是老子心目中的理想社会?现代人一般都这样理解,并由此得出了老子主张复古倒退的结论。是不是这么回事呢?我们看看证据。《老子》一书八十一章,差不多每章都要说"天下",就只有这么一章说到"小国寡民"。要说这就是老子的理想社会,那么多"天下"该如何交待?显然,要说老子的理想社会,应当是把大道推行于天下的社会。只不过是这个理想在当时的情况下还无法实现,只能从小处做起,所以才讲"小国寡民"。不能说"小国寡民"就是老子的理想社会。但老子这一章又确实对小国寡民抱着欣赏的态度,这就得考虑一下老子究竟欣赏的是什么。在前人的注释中有比较多的解释。苏辙认为老子生活在衰落的周朝,痛感时俗的浇薄,希望得到一个小国让他治理一下试试。恐怕这点要求也达不到,当然就不能提大国了。姚鼐说,上古的时候本来就国小民少,老子想恢复淳朴之风,当然就得说小国,不能说大国。王雱说,《论语》《孟子》都称颂尧舜禹、商汤周武,都是想用自己的办法治理国家,老子也有自己的主张,他这样说也是为了用自己的主张治理国家。庄子说至德之世,从大庭氏、容成氏一直到祝融、伏羲、神农氏历数了十二代帝王,说当时就是老子讲的那样一种淳朴风气。这不是老子一家之言,远古就有这种说法。老子当然知道复古是不可能的,但光说古代的大道,不拿出古代的社会来证明它的有效,不足以服人,所以举出古代的样子给人们看。王弼说:"国既小,民既寡,尚可使反古,况国大民众乎,故举小国而言也。"应该说王弼点中了要害。他的意思是说,国小民少都可以反归古代的淳朴,更何况是国大民多呢,所以举小国来说。也就是说,举小国寡民更能鲜明地说明问题,并不是要主张小国寡民,那岂不把老子看得不懂常识了吗?大道是用在大国里好,还是用在小国里好,老子连这都分不清了吗?老子说了那么多天下、天下,就都不算数了吗?可见抓住只言片语就下结论真是害死人。其实老子这样说,主要是针对当时各诸侯国都嫌自己的国家小、人民少,拼命地去争夺地盘说的。老子觉得国家小、人民少同样可以推行大道,并不是说国家小、人民少是理想。总的说,老子举上古原始公社时期的例子,欣赏的是古代朴质无争的风气道德,要返回去的也是这些东西,而不是让国家形态也逆转回去,要说老子的理想就得说是返归淳朴,至于大国小国,是不是完全按古人的方式去生活,这都不是老子要说明的问题,仅是他所举的例证。在原始社会那样一种落后状态下,人还可以淳朴,到了老子生活的时代,社会发展了几千年,反而变得世风日下,人心浇薄。老子当然要欣赏小国寡民的时代。但这不能说是老子的理想,只不过是认为那样也很好。老子真正的理想是要人们用大道治理天下,这是《老子》全书里再清楚不过的事实。

"小国寡民。""小"、"寡"都是形容词,"国"、"民"都是名词,形容词修辞名词作定语,语法很规范。用不着把"小"、"寡"说成是使动用法。这是受了下面句子中"使"字的影响。下面的"使"字也不全是"要让"的意思,而是表示假设条件的"即使"。句谓,国家小,人民少。为什么要这样?《庄子·胠箧》篇里说:"子独不知至德之世乎?昔者容成氏、大庭氏、伯皇氏、中央氏、栗陆氏、骊畜氏、轩辕氏、赫胥氏、尊卢氏、祝融氏、伏羲氏、神农氏,当是时也,民结绳而用之,甘其食,美其服,乐其俗,安其居,邻国相望,鸡狗之音相闻,民至老死而不相往来。"庄子认为这是上古的现实。三王时代,史书记载,夏朝有一万多个诸侯国,商朝有七千七百七十三个诸侯国,周朝时有一千八百多个诸侯国。尧舜禹之前的原始社会,一个国家实际就是一个部落,很小。既然要说远古的至德之世,只能按小国去说。而且庄子所列的十二代帝王,在老子的时代是被各家公认的古代圣人,并不是老子一家的看法,老子想要人们相信他的主张,只能按远古圣人的实际情况去说。

"使有什佰之器而不用。""使"是即使,下面用了几个"虽",义通。"使"用在有转折关系的句子里只能讲成即使。"器"是器物、工具。"什佰"指有十倍、百倍的效率。句谓,即使有十倍、百倍效率的工具,但却不使用。《庄子·天地》篇里举了个例子,说子贡在汉阴见到一个老人抱瓮浇园,很辛苦,子贡给老人提建议说,有一种叫做桔槔的机器抽水很方便,比你这种端水浇地的做法强十倍百倍,你为什么不用呢? 老人说了一番话:"吾闻之吾师,有机械者必有机事,有机事者必有机心。机心存于胸中,则纯白不备;纯白不备则神生不定;神生不定者,道之所不载也。吾非不知,羞而不为也。"意思是说,我听我的师傅说过,有机械的人一定会有投机取巧的事,有投机取巧的事一定会产生投机取巧的心。投机取巧的心存在胸中,纯净的素质就不全了;纯净的素质不全,就会心神不定;心神不定的人,就不能装载大道了。我不是不知道你说的桔槔,而是觉得羞耻而不愿意做它。从老人的回答里我们知道,不用什佰之器是为了防止产生机心。但这是不是就是庄子的理想呢? 也不是。庄子在后边说,子贡感到很惊异,回去把他见到老人的情况告诉了孔子。孔子说:"彼假修浑沌氏之术者也,识其一,不知其二,治其内而不治其外。夫明白入素,无为复朴,体性抱神,以游世俗之间者,汝将固惊邪? 且浑沌氏之术,予与汝何足以识之哉?"孔子的意思是说,那是个假修浑沌氏道术的人,只知其一,不知其二,只对内修炼自己的心性,而不修炼对外的随时应变。他如果真是个修浑沌氏道术的人,心地明净进入纯素,自然无为返归质朴,体悟真性抱守元神,随顺世俗而来往,你还会感到惊异吗? 再说,浑沌氏的道术,我和你又怎么能够认得出来呢? 庄子借孔子的口,肯定了老人归真返朴的做法,但也否定了他不能随时应变的错误。像庄子这样去理解老子会更确切一些。

"使民重死而不远徙。"这个"使"是"要让"的意思。"重死"是看重死,是以死为重的意思,即把死当成一件大事而爱惜生命。"徙"是迁移。句谓,使百姓都爱惜生命不轻易向远方迁徙。这一句《庄子·胠箧》里也有说明,大意是说,现在人们一听说哪里有个圣人就带着干粮追过去了,丢下父母君王不管,成天在诸侯国里游说,马足车迹远接千里之外,都是因为统治者太推崇才智了。可见这也是针对当时游说成风说的。

"虽有舟舆,无所乘之。""舆"是车。句谓,虽然有车有船,但人们不到远地方去,所以也用不着乘车坐船。

"虽有甲兵,无所陈之。""陈"同阵,摆列阵势。句谓,虽然有铠甲兵器,但没仗可打,所以也没有战场需要排兵布阵。

"使民复结绳而用之。""结绳"是古代的记事方法。这种方法前人的注释说,遇到大事要记住就结个大点的疙瘩,遇到小事要记住就结个小点的疙瘩,这当然要比文字记载粗略得多,但因为事少也就用不着记得那么复杂了。句谓,让人们恢复使用结绳记事的方法。当然前提是事少。

"甘其食,美其服,安其居,乐其俗。""甘"、"美"、"安"、"乐"都是意动用法,都是主观上的认为。句谓,让人们觉得,自己吃的饭菜甘甜可口,自己穿的衣服样式美观,自己住的房子安好舒适,自己的风俗习惯喜欢快乐。至于是不是真的如此,就在其次了。

"邻国相望,鸡犬之声相闻。"古人称大狗为犬,小狗为狗。句谓,邻国之间互相望得见,鸡鸣狗吠的声音互相听得见。

"民至老死,不相往来。"句谓,大家相安无事,国与国之间没有争夺,老百姓直到老死,也不互相往来。

这一章老子向人们描绘出上古淳朴之风的图景。

第八十一章

信言不美,美言不信;善者不辩,辩者不善;知者不博,博者不知。圣人不积,既以为人,己愈有;既以与人,己愈多。天之道,利而不害;圣人之道,为而不争。

【译文】

真实的话不华丽,华丽的话不真实。好话不巧辩,巧辩没好话。知道的人不贪广博,贪广博的人不知道。圣人不积累,越是帮助人,自己越富有;越是给予别人,自己也就越多。天道是造福万物而不伤害,圣人之道是做奉献而不与人争。

【讲疏】

这一章都是名言警句,涵盖了丰富的生活经验和智慧。

"信言不美,美言不信。""信"是真实、诚实。句谓,诚实的话不华丽,华丽的话不真实。这两句强调的是,真实的东西都是质朴的,用不着乔装打扮。告诉人们的生活经验是,听到花言巧语要警惕。当然,真实的话也可以用华丽的言辞来表达,但听话的人先要洗掉它华丽的成分,才能把握它的真实。在这个意义上说,确实是华丽的话不真实。老子并不是要一概否定华丽。

"善者不辩,辩者不善。""善"就是好。"辩"是巧辩。句谓,好话不巧辩,巧辩没好话。这两句也要像上面的句子去理解,好话也可以巧辩,但要先洗掉它巧辩的成分,才能接触到好的实质。老子也没有一概否定巧辩的意思。

"知者不博,博者不知。""知"就是有真知。"博"是广博。句谓,真正有真知的人不贪广博,贪广博的人没有真知。用现代的话说就是,专业人才才是真内行,什么都懂的人其实什么也不内行。老子也没有一概否定广博的意思。

"圣人不积,既以为人,己愈有。""既"是已经。"积"是积累。"为人"是帮助人。这是老子从得失中概括出的辩证关系。句谓,圣人不积攒,越是帮助别人,自己越富有。越是施舍,越得人心,自己能得到的帮助也就越多。

"既以与人,己愈多。"这是老子从取舍中概括出的辩证关系。句谓,越是给予别人,自己也就越多。给人的多,得到的也多。以上几句不单纯指财物,而是指一切得失取舍之间的关系。

"天之道,利而不害。"句谓,天的运行规律是造福万物而不损害万物。王弼注:"动常生成之也。"是说天的运行常常使万物生成。

"圣人之道,为而不争。""为"是做,这里是做贡献、做奉献的意思。句谓,圣人之道是做奉献而不与人争利。

这一章概括了信与美、善与辩、知与博、得失取舍之间的辩证关系。告诉人们要向天道、圣人之道学习。